Hans Stolp

Rudolf Steiner

Die Geheimnisse der christlichen Esoterik

Hans Stolp

Rudolf Steiner

Die Geheimnisse der christlichen Esoterik

Aquamarin Verlag

Impressum

1. Auflage 2021

Voglherd 1 • D-85567 Grafing
www.aquamarin-verlag.de

Übersetzung aus dem Holländischen: Andrea Fischer

Druck: CPI · Birkach
ISBN: 978-3-89427-885-4

Für Loes

Viele Menschen durftest du tragen – ein Leben lang.
Aber wer hat dich getragen? Du hast gegeben und gegeben.

Doch in der Stille, unerwartet, wurdest du gerufen:
der Meister selbst wandte sich an dich.

Als ER sanft und leise dein Herz zu erfüllen begann,
brach etwas in dir auf. Das Kind in dir erwachte.

Und ER, der Meister selbst, erweckte mit seiner Liebe
verborgene Kräfte in dir. So wurdest du zu einer Wissenden.

Eine neue Liebe und eine höhere Weisheit erwachten
in dir zum Leben, durchdrangen einander und wurden eins.

So wurdest du seine Schülerin – eine Gerufene.
Vielen Dank!

Zwei Menschen haben das Manuskript zu diesem Buch gelesen:
Margarete van den Brink und Ton Westenbroek.
Ich danke ihnen von Herzen für all ihre Tipps,
Korrekturen und Anregungen.

Mit Margarete teile ich schon seit mehr als fünfundzwanzig Jahren meine Liebe zum Werk Rudolf Steiners. Daher war sie allen voran diejenige, die mir beim Verfassen dieses Werkes zahlreiche wertvolle Anregungen geben und mit mir auch die Freude über die Geschichten teilen konnte, die ich in diesem Buch niederlegen durfte. Ich danke dir!

Inhalt

Inhalt

Rudolf Steiner
Der große Meister unserer Zeit

Schlank von Gestalt war er, doch er strahlte
so viel Geisteskraft, solch ein aufrichtiges Interesse
und so viel erworbenes praktisches Wissen aus,
dass jeder, der ihm begegnete,
ihn als große, beeindruckende Gestalt erlebte.
Er tröstete und erwärmte die Herzen der Menschen,
erweckte sie und schenkte ihnen so viele Erkenntnisse,
dass dies ihr Leben für immer veränderte.

In seiner Jugend gab es nahezu niemanden,
der seine wahre Größe erahnte oder erkannte.
Lediglich zwei Menschen waren dazu imstande:
Ein einfacher Kräutermann und ein Meister,
der im Verborgenen lebte und arbeitete.

Erst als er körperlich und seelisch frei war,
um seine Mission zu erfüllen,
war es Christus höchstpersönlich, der ihn rief.
Tagelang stand er vor dem Mysterium von Golgatha
und ergründete es.
Es berührte ihn bis ins Tiefste seiner Seele.
So wurde er zum Diener Christi auf Erden.

Ab diesem Moment begann der Geist in ihm zu wirken.
Eine hohe Erkenntnis nach der anderen
durfte er in Worte fassen,
so dass die Menschen, dadurch angeleitet,
eine ganz neue Lebensperspektive erhielten.

So wurde er zum Meister, den die Menschheit so sehr braucht,
um einen Ausweg aus ihrer Krise
zu finden – den Weg des Geistes.

Später konnte er, immer wenn jemand ihn darum bat,
Ratschläge geben, wie er diese Erkenntnisse
zum Zwecke einer Umformung der Gesellschaft
anwenden könnte.
So entstand die Bewegung der Waldorfschulen,
der biologisch-dynamischen Landwirtschaft,
der Heilpädagogik und noch vieles andere.

Noch viel mehr hatte er uns schenken wollen.
Doch wir Menschen konnten es noch nicht verarbeiten.
Daher kehrte er zurück in die geistige Welt,
um uns von dort aus zu führen und zu motivieren.
Jeden Einzelnen fragt er von dort aus:
»Möchtest du mein Werk auf Erden fortsetzen?«
Sehnsüchtig wartet er darauf,
dass wir uns dazu bereit erklären.

Zum Geleit

Vor Jahren suchte ich auf einem Flohmarkt nach Dingen, die ich gebrauchen konnte. Dabei stieß ich plötzlich – inmitten von abgegriffenen Spielsachen und in die Jahre gekommenem Geschirr – auf vier Bücher von Rudolf Steiner, die den vier Evangelien gewidmet waren. Sie kosteten einen Gulden pro Stück – das war noch vor der Einführung des Euro. Jedes Buch enthielt eine Auslegung zu einem der vier Evangelien.

Weil ich schon immer eine große Liebe für das Evangelium des Johannes gehegt hatte, begann ich zuerst das Buch zu lesen, das Rudolf Steiner darüber geschrieben hat.[1] Sobald ich mit der Lektüre begonnen hatte, konnte ich nicht mehr aufhören. Ich hatte bereits viele Bücher mit einer Erläuterung oder einem Kommentar zum Johannes-Evangelium gelesen, aber ich hatte immer das Gefühl, dass ich die tiefere Bedeutung dieses Evangeliums noch nicht erfasst hatte. Ich spürte immer wieder: Es ist anders, tiefgründiger, vielsagender. Doch so sehr ich danach auch suchte – ich konnte seine Bedeutung nicht erkennen. Als ich jedoch die Auslegung von Rudolf Steiner las, war es, als ob ich auf alle meine Fragen eine Antwort erhielt.

Ich habe es damals in einer einzigen Nacht am Stück durchgelesen, und das, obwohl es keine einfache Lektüre war. Aber ich spürte: »Das hier ist wahr. Das sind die Antworten, die ich die ganze Zeit über gesucht habe.«

Seitdem lese ich auch andere Bücher von Rudolf Steiner. Es sind jedoch so viele, dass ich immer noch nicht fertig bin. Es sind Bücher, die mein Leben verändert und mir Einblick in meine Lebensaufgabe auf Erden, in die lebendige und dauerhafte Verbindung mit meinen verstorbenen Angehörigen und in das Warum und Wie meiner hellseherischen Erfahrungen geschenkt haben.

Aber das vielleicht Wichtigste war, dass Rudolf Steiner in seinen Büchern die Geheimnisse Christi verständlich erklärt – und genau danach hatte ich mein ganzes Leben lang gesucht. Als Kind in der Kirche hörte ich den Pfarrer Sonntag für Sonntag über Jesus Christus sprechen. Doch ich spürte: »Was er sagt, ist nicht wahr, es ist anders.« Eigentlich ist es seltsam, dass ein Kind so etwas spüren kann. Aber was es genau war, wusste ich nicht. Selbst während meines Theologie-Studiums erhielt ich keine zufriedenstellende Antwort. Erst als ich Rudolf Steiners Buch mit seiner Auslegung des Johannes-Evangeliums las, erhielt ich zum ersten Mal eine Antwort, zu der mein Herz sofort sagte: »Ja, so ist es!« Daher sind die Erkenntnisse, die ich von ihm erhalten habe, das größte Geschenk, das ich je in meinem Leben bekommen habe.

Niemals zuvor hatte ich den Mut, ein Buch über Rudolf Steiner zu schreiben; denn je mehr ich las, desto mehr begann ich zu verstehen, was für ein unglaublich großer Geist er war. Und wer bin ich, um ein Buch über ein so besonderes Leben und einen so besonderen Menschen zu schreiben? Dieses Gefühl wog umso schwerer, als ich noch immer nicht alle seine Bücher gelesen hatte. Das ist im Übrigen auch nicht möglich, denn wenn man ein Buch von ihm wirklich mit ganzem Herzen und ganzer Seele erfassen will, muss man es mindestens fünf oder sechs Mal lesen – und jedes Mal entdeckt man dabei wieder neue Erkenntnisse, die einem bei einer früheren Lektüre entgangen sind.

Aber der innere Drang, dennoch ein Buch über ihn zu schreiben und damit andere einzuladen, sich mit ihm so zu verbinden, wie ich selbst es tat, wurde immer dringlicher. Vor allem auch, so denke ich, weil mir immer bewusster geworden ist, dass das Werk Rudolf Steiners die Entwicklung einer ganz neuen Kultur ermöglicht – und zwar einer spirituellen Kultur, einer Kultur der Erkenntnis, die aus der Liebe heraus entsteht. Wie dringend braucht unsere Zeit diese neue Kultur!

Wir sind zu Menschen geworden, die alles verstehen wollen. Wir können nicht mehr einfach an die Autorität eines anderen glauben: Eines Priesters, eines Pfarrers, eines Imams oder eines anderen. Frühere Generationen konnten das noch, doch wir können das nicht mehr. Wir müssen uns also selbst auf die Suche begeben. Aber wo können wir die Erkenntnisse finden, die uns helfen, die Entwicklungen unserer Zeit zu verstehen? Wo können wir Einblick in das Leben nach dem Tod finden? Wer kann uns sagen, warum die Menschen in unserer heutigen Zeit immer mehr hellsichtige Erfahrungen machen? Wer kann uns die Hinweise geben, die wir brauchen, um uns unserer persönlichen Lebensaufgabe bewusst zu werden? Wer kann uns Einblick in die großen Geheimnisse des Lebens und Sterbens Jesu Christi geben?

Der vielleicht bedeutendste Schüler Rudolf Steiners in den letzten Jahrzehnten war der Russe Sergej O. Prokofieff (er verstarb 2014). Er schrieb (und ich zitiere nur einen Teil eines längeren Satzes): »(…) dass Rudolf Steiner jemand ist, der mit neuen geistigen Fähigkeiten gelebt und von dort heraus gearbeitet hat – Fähigkeiten, die die Menschheit erst in ferner Zukunft entwickeln wird.«[2] Wenn wir diese Aussage auf uns wirken lassen, beginnt es uns wahrscheinlich ein wenig zu dämmern, dass wir es bei Rudolf Steiner wirklich mit einem ganz besonderen, bedeutenden Menschen zu tun haben – mit jemandem, der weiter entwickelt war als andere Menschen, und der deshalb sehen, wahrnehmen und verstehen konnte, was uns noch verborgen ist.

Einer der ersten Schüler Rudolf Steiners in den Niederlanden war der Arzt und Psychiater Dr. F. W. Zeylmans van Emmichoven. Im Jahr 1920 – er war damals siebenundzwanzig Jahre alt – ging er nach Dornach in die Schweiz, um Rudolf Steiner kennen zu lernen und einen Vortrag von ihm zu besuchen – und diese Begegnung wurde richtungsweisend für sein ganzes weiteres Leben. Ihm wurde sehr bald bewusst, dass Rudolf Steiner ein Mann war, der über besondere geistige Kräfte verfügte. Er hat darüber Folgendes geschrieben: »Man erlebt eine Kraft, die nur von höheren Mächten stammen kann.«[3] Auch das ist eine bezeichnende Aussage – als ob die höheren Engel direkt durch Rudolf Steiner sprechen und sich durch ihn für uns zu erkennen geben würden!

Zeylmans van Emmichoven schrieb auch: »Mit ihm kündigt sich eine neue Ära an.«[4] Nicht nur durch mein Studium des Werkes von Rudolf Steiner, sondern auch, indem ich aufmerksam verfolgt habe, welche neuen Bewegungen und Entwicklungen seine Schüler in aller Welt anstoßen, durfte ich erfahren, wie wahr diese Aussage ist. Deshalb habe ich als holländischen Titel dieses Buches gewählt: »Rudolf Steiner – Begründer einer neuen Kultur«.

Anhand des oben Gesagten wird vielleicht schon deutlich, dass es unglaublich viel über Rudolf Steiner und seine Einsichten zu erzählen gibt. Aber es gibt immer noch niemanden, der wirklich alles, was er uns an Erkenntnissen hinterlassen hat, überblicken kann. Ich vermute, dass Sergej Prokofieff derjenige war, der dem noch am nächsten kam. Aber gerade weil Rudolf Steiners Werk so umfassend ist, wählt jeder, der etwas über ihn schreiben will, seine eigene Perspektive. Meine ist die des esoterischen Christentums. Ich hoffe, aus diesem Blickwinkel heraus etwas von Rudolf Steiners wahrer Größe aufzeigen zu können.

Im Laufe der Jahre haben mein Respekt und meine tiefe Dankbarkeit für das, was Rudolf Steiner uns geschenkt hat, nur noch zugenommen. Ich hoffe, dass ich mit diesem Buch auch in Ihrem Herzen etwas von diesem Wunder, dieser Ehrfurcht und Dankbarkeit für diesen so besonderen Menschen wecken kann.

Teil I
Die Erkenntnisse

1.

Eine Flut neuer Entwicklungen

Es scheint, als würde der Name Rudolf Steiner in letzter Zeit immer häufiger fallen:

- Wenn man über die aktuelle Bildung spricht und darüber, dass für einige Kinder eine »Freie Schule« eine gute Alternative sein könnte (wenn sie in ihrer eigenen Schule nicht so gut zurechtkommen), fällt im Gespräch immer wieder der Name Rudolf Steiner. Immer öfter wird hinzugefügt, dass auf anderen Kontinenten die Zahl der Freien Waldorfschulen in bemerkenswertem, eindrucksvollem Maße wächst, insbesondere in China. Weltweit gibt es inzwischen mehr als 1.100 Schulen, die sich auf etwa achtzig Länder verteilen.
- Wenn man von einer Medizin spricht, die sich nicht nur auf den physischen Körper konzentriert, sondern auch den Bewohner dieses Körpers mit einbezieht, fällt schnell der Begriff »integrative Heilkunde«, [5] eine Heilkunde, die die konventionelle, »herkömmliche« Medizin mit alternativen therapeutischen Behandlungen verbindet. Es stellt sich heraus, dass es sich dabei hauptsächlich um eine *homöopathische* und *anthroposophische Heilkunde* handelt, neben anderen Behandlungsformen wie *Yoga, Akupunktur und Entspannungsübungen*. Auch der Name Rudolf Steiner, des Begründers der Anthroposophischen Heilkunde, wird in Gesprächen über diese »integrative Heilkunde« oft erwähnt.

- Auch wenn man *von biologischer* und *biologisch-dynamischer Landwirtschaft* spricht, fällt ganz schnell der Name Rudolf Steiners – des Begründers der biologisch-dynamischen Landwirtschaft. Erst im Jahr 2019 sprach der niederländische Landwirtschaftsminister erstmals von einer Wende in der Landwirtschaft zugunsten der biologischen und biologisch-dynamischen Landwirtschaft. Rudolf Steiner hat das schon vor hundert Jahren getan. Das macht deutlich, wie weit er seiner Zeit voraus war.
- Während das kirchliche Christentum rasant an Anhängern verliert und es ihm immer weniger gelingt, Menschen zu inspirieren, steigt die Zahl derer, die sich für das *spirituelle* oder *esoterische Christentum* interessieren, immer mehr. Dogmen, der Glaube an die Autorität des anderen – die meisten Menschen möchten das nicht mehr. Dennoch leben sie mit Fragen wie: »Was bedeutet der Tod?«, »Was ist der Sinn des Lebens?« und so weiter. Antworten auf diese Fragen – die auch den Verstand befriedigen – finden sie im esoterischen Christentum, das schon viele Jahrhunderte alt ist. Es entstand in den Tagen zwischen Ostern und Himmelfahrt vor nunmehr 2.000 Jahren, als der auferstandene Christus seinen Jüngern die großen Geheimnisse mitteilte, die die Grundlage des esoterischen Christentums bilden.[6]

  Wenn man über diese Einsichten liest oder sie gemeinsam diskutiert, landet man bald bei Rudolf Steiner. Er war es, der uns diese uralten Einsichten auf eine neue, dem modernen, unabhängig denkenden Menschen angemessene Weise vermittelt hat. Auf diese Weise wurde eine grundlegende Erneuerung auch im Bereich der Religion möglich.
- Viele erwähnen in diesem Zusammenhang auch die Christengemeinschaft, insbesondere diejenigen, die in den traditionellen Kirchen keine religiöse Gemeinschaft finden können und dennoch den Wunsch danach haben. Wie ist diese Bewegung entstanden?

Einige Studenten kamen zu Beginn des letzten Jahrhunderts zu Rudolf Steiner und baten ihn um Rat und Hilfe. Er hat sie ihnen gerne gewährt. Als sich jedoch herausstellte, dass eine Erneuerung der Kirche im Sinne Rudolf Steiners nicht möglich war, wurde 1922 unter der Leitung von Friedrich Rittelmeyer die Christengemeinschaft gegründet. Heutzutage ist diese Bewegung für religiöse Erneuerung auf allen Kontinenten zu finden.

- 1911 stellte Clara Smits Rudolf Steiner folgende Frage: »Wäre es nicht möglich, durch bestimmte Bewegungen über den Ätherleib (= einer der geistigen Körper eines Menschen) eine heilende Wirkung auf den physischen Körper auszuüben?«[7] Auf ihre Frage hin erteilte er Hinweise aller Art für eine heilende Bewegungs- und Tanzkunst, die heute weltweit praktiziert wird und den Namen »Eurythmie« erhielt.
- 1924 fragten Mitarbeiter des Lauensteinheims in Jena Rudolf Steiner, wie sie behinderten Kindern helfen könnten. Damals wusste man wenig darüber, wie man mit Kindern mit Behinderungen umgehen sollte. Als Antwort auf diese Frage hielt Rudolf Steiner eine Reihe von Vorträgen, aus welchen *die Heilpädagogik* hervorging. Sie ist eine therapeutische Behandlungsform für Kinder mit einer Behinderung.[8] Seither wird die Heilpädagogik weltweit angewandt, auch in den Niederlanden.[9] Die Ergebnisse dieser Behandlungsmethode sind mehr als bemerkenswert.
- Rudolf Steiner hatte auch bedeutsame, inspirierende Erkenntnisse über die Organisation einer Gesellschaft, die er ab 1917 unter dem Begriff »soziale Dreigliederung« öffentlich bekannt machte. Rudolf Steiner hoffte, dass durch die Umsetzung dieser Erkenntnisse ein neuer Weltkrieg verhindert werden könne. Leider ist dies nicht gelungen: 1940 brach der Zweite Weltkrieg aus, unter anderem auch deshalb, weil Rudolf Steiner für seine weitreichenden Neuerungen zu wenig Resonanz aus der Politik erhielt. Doch noch immer sind viele seiner Anhänger davon überzeugt,

dass diese Reform auch in der heutigen Zeit eine zutiefst heilsame Wirkung haben und eine sinnvolle Antwort auf den drohenden Niedergang sein könnte, der immer mehr Menschen beängstigt.

Eine aufrichtige Reaktion auf die vielen Klischees

In all diesen Bereichen – *anthroposophische Heilkunde, biologisch-dynamische Landwirtschaft, freie Schulbildung, esoterisches Christentum, Christengemeinschaft, Eurythmie, soziale Dreigliederung* und *Heilpädagogik* (und das ist bei Weitem noch nicht alles, was man erwähnen könnte) – stehen wir erst am Anfang einer großen Entwicklung. Immer mehr Menschen auf der ganzen Welt engagieren sich für diese Initiativen, treiben ihre Entwicklung voran und tragen sie immer weiter in die Welt hinaus. Allein schon aus diesem Grund wird der Name des Mannes, der all diese Entwicklungen mit seinen Erkenntnissen ermöglicht hat – Rudolf Steiner – immer öfter genannt.

Deshalb möchte ich in diesem Buch jeden, der sich für die oben genannten Entwicklungen interessiert, mit dieser so besonderen Person vertraut machen, die uns einen Weg in eine große Zukunft weist. Wer war dieser Mensch? Was war sein Geheimnis? Was war das Besondere an seinen Erkenntnissen? Was hat ihn zu dem Mann gemacht, der fast hundert Jahre nach seinem Tod beginnt, immer mehr Menschen zu inspirieren?

Ich habe dieses Buch auch geschrieben, weil ich feststelle, dass immer mehr Menschen über Rudolf Steiner urteilen, obwohl sie kaum etwas über sein Leben und Werk wissen. Die Zahl der oberflächlichen, klischeehaften Aussagen über Rudolf Steiner nimmt immer mehr zu. Es ist wichtig, dem Folgendes gegenüberzustellen: Eine ehrliche Beschreibung dessen, wer Rudolf Steiner war, was ihn antrieb und inspirierte.

Die konkrete Umsetzung der Esoterik

Eines der ersten Bücher, die Rudolf Steiner geschrieben hat, war das Buch: »Die Philosophie der Freiheit«.[10] Damals verstand er sich als Philosoph. Doch er wurde zum großen Esoterik-Lehrer, der mit seinen Erkenntnissen das alte esoterische Wissen jedem zugänglich machte, der sich dafür interessierte. Aber was für ein besonderer esoterischer Lehrer er war: Er war der Erste in der ganzen Weltgeschichte, dem es gelang, das jahrhundertealte esoterische Wissen in ganz konkrete Hinweise für gesellschaftliche Umstrukturierungen in allen möglichen Bereichen zu verwandeln. Noch nie zuvor war dergleichen aufgezeigt worden, noch nie war die Esoterik so praktisch, so konkret gelehrt geworden.

Das wirft Fragen auf, etwa die: »Wer war der Mann, der zu solch weitreichenden Innovationen und so großen Erkenntnissen fähig war? Wie konnte dieser Mann zu einem Lehrer werden, der uns die vielen Hinweise gab, die es uns ermöglichen, das Leben auf der Erde in eine Kultur des Friedens, der Weisheit und der Einsicht zu verwandeln? Und was ist denn das Besondere an seinen Erkenntnissen?«

Bei der Suche nach Antworten auf diese Fragen möchte ich Ihre Aufmerksamkeit zunächst auf seine letzten Lebensjahre und seinen Tod, insbesondere die Jahre 1924 und 1925, lenken.

2.

Ein Wassertropfen wie ein strahlender Diamant

Ein Abschied bei vollem Bewusstsein

Am 30. März 1925 – vor fast 100 Jahren – starb Rudolf Steiner in seiner Wohnung auf dem Hügel in Dornach, unweit von Basel. Für seine vielen Freunde und Freundinnen, seine Mitarbeiter und Schüler war sein Tod ein tiefgreifendes Ereignis.

Aber nicht nur für seine Freundinnen und Freunde in Dornach, die ihn sehr liebten, war sein Tod ein großer Schock. Sein Tod hat auch seine Schüler an anderen Orten der Welt tief getroffen: In Skandinavien, Russland, England, Frankreich, in den Niederlanden und in Deutschland. Viele hatten in diesem Moment das Gefühl, verwaist zu sein. Sie fühlten sich in der Tiefe ihrer Seele einsam, da sie ihren geliebten Lehrer verloren hatten, der ihnen so große und alles entscheidende Einsichten geschenkt hatte. Nun mussten sie lernen, ohne seine direkte Inspiration sein Werk fortzusetzen. Doch zugleich wurde ihnen allen klar – jedem auf seine ganz persönliche Art und Weise – dass Rudolf Steiner ihnen eine Aufgabe hinterlassen hatte, die ihren ganzen Einsatz, ihre ganze Hingabe und ihr ganzes Engagement erfordern würde. Seitdem haben sich viele von ihnen mit all ihrer Geisteskraft und all ihren Fähigkeiten der Aufgabe gewidmet, die – so empfanden sie es – Rudolf Steiner selbst in ihre Hände gelegt hatte.

Sechs Monate lang war er krank gewesen und hatte das Bett hüten müssen, bis er am 30. März 1925 ganz bewusst, ohne jeden Kampf, in einer Atmosphäre des tiefen Friedens und der Hingabe starb. Ita Wegman, seine Freundin und Mitarbeiterin,[11] sowie auch der Arzt, der sich all die Monate um ihn gekümmert hatte, erzählten von seinem Tod: »Es war wie ein Wunder. Er ging, als ob es selbstverständlich wäre. (...) Er schaute eine Weile ruhig vor sich hin, sagte noch ein paar liebevolle Worte zu mir, schloss bewusst die Augen und faltete seine Hände.«[12] Dann tat er seinen letzten Atemzug.

Ita Wegman fügte jenen Worten über diesen einschneidenden Moment in ihrem Leben – schließlich liebte sie Rudolf Steiner über alles – folgende Überlegung hinzu: »In der geistigen Welt brauchte man ihn, das war offensichtlich. Es war auch offensichtlich, dass er der geistigen Welt etwas Wichtiges mitzuteilen hatte, das nur er mitteilen konnte.«

Nahezu vier Wochen später beschrieb Ita Wegman in einem kurzen Artikel Rudolf Steiners Zeit im Krankenbett und seine letzten Tage und Stunden. Sie schloss den Artikel mit folgenden Worten ab: »Wir müssen jetzt die Zeit vorbereiten, in der eine neue irdische Aufgabe auf ihn zukommen wird. Diese Zeit wird bald kommen.« Es ist die Vorbereitung auf das neue irdische Leben Rudolf Steiners, der sie seit seinem und bis zu ihrem Tod – achtzehn Jahre später – im Jahr 1943 ihre ganze Kraft widmete. Diese Haltung, diesen Weitblick in die Zukunft und das volle Engagement, diese Zukunft zu ermöglichen, hatte sie (neben so vielen anderen Dingen) von Rudolf Steiner übernommen.

Der letzte Vortrag

Sechs Monate zuvor, am 28. September 1924, hatte er seinen letzten Vortrag gehalten. An den beiden vorangegangenen Tagen hatte er wegen völliger Erschöpfung noch alle seine Aktivitäten absagen müssen

– Vorträge, Gruppendiskussionen und Einzelgespräche. Aber an jenem Tag, am 28. September, dem Vortag des Michaeli-Festes, das am 29. September gefeiert wird, wollte er sich persönlich an seine Schüler, Freunde und Interessierte wenden. Er begann seine Rede mit den Worten: »Ich war gestern und vorgestern nicht in der Lage, zu euch zu sprechen. Aber ich wollte die heutige festliche Michaeli-Stimmung nicht auslassen, die den morgigen Tag aus unserem Herzen, unserem tiefsten Inneren heraus erstrahlen lassen kann, ohne auch nur kurz zu euch, meine liebsten Freunde, gesprochen zu haben.«[13]

Zwanzig Minuten lang dauerte seine Rede. Fast 600 Menschen waren gekommen, obwohl dieser Vortrag erst am Tag zuvor angekündigt worden war; aber über Mund-zu-Mund-Propaganda hatten all diese Menschen davon erfahren und waren voller Sehnsucht gekommen. Man hätte eine Stecknadel fallen hören können, jeder lauschte atemlos den Worten Rudolf Steiners.[14] Damit stellte er den Menschen ein neues Mysterium über die verschiedenen Inkarnationen des Johannes, des Jüngers Jesu, vor, das viele schockierte. Es ist ein Mysterium, das seine Anhänger bis heute beschäftigt.[15]

Interessanterweise hatte Rudolf Steiner auch sein erstes »esoterisches« Buch Johannes gewidmet. Das macht deutlich, dass jeder, der etwas von Rudolf Steiner verstehen will, sich zunächst mit dem Mysterium vertraut machen muss, dass der Evangelist Johannes kein anderer ist als derjenige, der im Evangelium »Lazarus«, der Bruder von Martha und Maria, genannt wird.[16]

Rudolf Steiner hatte noch (viel) mehr erzählen wollen, aber seine begrenzte Energie erlaubte ihm nur diesen kurzen Vortrag von zwanzig Minuten. Viele der Anwesenden spürten genau, dass dies das letzte Mal war, dass sie Rudolf Steiner begegnen durften. Assja Turgenieff sagte: »Wir wussten, dass es ein Abschied war.« Albert Steffen schrieb später: »Wir gingen verwirrt und bestürzt nach Hause. Alle spürten, dass Rudolf Steiners Worte wie ein Vermächtnis waren, das er uns hinterlassen hatte, aber keiner wagte es, darüber zu sprechen.«[17]

Er selbst glaubte lange Zeit, dass er wieder genesen würde: Zunächst betrachtete er seine Krankheit als eine Phase der Erschöpfung. Auch seine Ärztin und Freundin Ita Wegman dachte zunächst in diese Richtung. Das war auch nur zu verständlich; denn den ersten neun Monaten des Jahres 1924 hatte Rudolf Steiner bis zum Zeitpunkt seines letzten Vortrags (am 28. September) unglaublich viel geleistet.

Übermenschlich viel. Er unternahm mehrere Reisen, um in anderen Teilen Europas Vorträge zu halten. Zum Beispiel – um nur eines zu nennen – war er in Torquai (das liegt in Devon, England) und hielt in den zweieinhalb Wochen, die er dort verbrachte, siebzig Vorträge – alles verschiedene Vorträge mit neuen, weiterführenden Einsichten.

Zurück in Dornach hielt er einen Kurs über die Offenbarung des Johannes für Geistliche der Christengemeinschaft. Gleichzeitig gab er ein Ausbildungsseminar für junge Ärzte; nicht zuletzt dadurch wurde die anthroposophische Medizin möglich, die in Zukunft von entscheidender Bedeutung für die Menschheit werden soll, weil diese Medizin nicht nur auf den Körper des Kranken, sondern auch auf den Bewohner dieses Körpers ausgerichtet ist. In der Vormittagspause hielt er zudem täglich einen Vortrag für die Arbeiter, die am Bau des (zweiten) Goetheanums, des Internationalen Zentrums für Anthroposophie in Dornach, arbeiteten. Außerdem gab er einen Kurs für Schauspieler: Schließlich müssen Kunst, Medizin und Religion wieder eine Einheit bilden und sich gegenseitig befruchten, wie es einst in den alten Mysterienschulen der Fall war.

Und als ob das alles noch nicht genug gewesen wäre, hielt er am Abend auch noch Vorträge für die Mitglieder der Anthroposophischen Gesellschaft. Nicht nur Ita Wegman, sondern auch Marie Steiner, Rudolf Steiners Ehefrau, hatten ihn mehrfach, aber vergeblich, vor der Überlastung gewarnt, der er durch all diese Tätigkeiten ausgesetzt war.

Wenn man auf die ersten neun Monate des Jahres 1924 zurückblickt, wird deutlich, dass es in geistiger Hinsicht das reichste Jahr im Leben Rudolf Steiners war. Während dieser Monate schenkte er den Menschen eine Fülle neuer Erkenntnisse und ergriff alle möglichen neuen Initiativen, zum Beispiel im Bereich der Landwirtschaft.

So hielt er – um nur eines von vielen Beispielen zu nennen – zu Pfingsten 1924 acht Vorträge über die Landwirtschaft vor einem Publikum von mehr als hundert Bauern, Grundbesitzern und anderen Interessierten. Gerade diese Vorträge sind es, die die Entwicklung der biologisch-dynamischen Landwirtschaft ermöglicht haben.[18]

Ein Märtyrertod

Dennoch waren es nicht die vielen Vorträge, die eine Überlastung verursacht hatten. Rudolf Steiner selbst sagte, dass es vor allem der endlose Strom von Besuchern war, die ihm alle ihre ganz persönlichen Fragen stellen wollten – sie waren es, die ihm seine letzten Kräfte raubten.[19] Er konnte und wollte nicht »Nein« sagen, wenn ihn jemand um Rat oder Hilfe bat. So empfing er an den Tagen, an denen er die oben genannten Vorträge und Kurse hielt, Hunderte von Menschen zu einem persönlichen Gespräch.

Diese totale Erschöpfung war folglich der Auslöser für seine Erkrankung. Tatsächlich aber war seine Gesundheit bereits seit Januar 1923 angegriffen. Ein Jahr später, im Januar 1924, verschlimmerte sich seine Krankheit. Er litt unter seinem Verdauungssystem und vertrug praktisch keine Nahrung mehr. Ein weiteres Jahr später, im Januar 1925 – als er also bereits drei Monate lang das Bett gehütet hatte – sprach er nicht mehr von Erschöpfung, sondern von Karma als der tieferen Ursache seiner Erkrankung.[20] Ita Wegman erzählte, dass Rudolf Steiner ihr dies wie folgt erklärt hatte: »Es gibt eine Diskrepanz zwischen dem, was ich will und den Mitgliedern mitteile, sowie dem, was die Mitglieder tatsächlich verstehen und aufnehmen.«[21] Die Mitglieder der Anthroposophischen Gesellschaft konnten also viel weniger in ihren Herzen und Seelen aufnehmen, als Rudolf Steiner ihnen eigentlich mit auf den Weg geben wollte. Es ist vor allem diese Einschränkung, die letztlich zu seinem Tod geführt hat: Da er nun keine weitergehenden Erkenntnisse mehr auf der Erde mitteilen konnte, machte es für ihn mehr Sinn, sich in die geistige Welt zurückzuziehen, um von dort aus an der weiteren Verbreitung seiner Erkenntnisse zu arbeiten. Dort konnte er den Engeln auch von den Widerständen berichten, auf die seine Arbeit auf der Erde stieß – die Engel verstehen nämlich nicht, wie das Böse auf Erden wirkt.

Ita Wegman fügte ihren Ausführungen über die Ursache seiner Krankheit hinzu, dass neben dem Unverständnis seiner Anhänger auch böswilliger Widerstand von Menschen aller Art (z.B. vonseiten der Kirchen oder der Politik) und Angriffe aus der Dämonenwelt Ursache seiner Krankheit waren. In Anbetracht all dessen ist es verständlich, dass sein Tod auch als »Märtyrertod« bezeichnet wird.[22]

Die reinste Folter

In dem Atelier, in dem das Krankenbett Rudolf Steiners stand, hatte er viele Jahre lang kreativ gearbeitet. Außerdem hatte er dort Tausende von Menschen beraten. Auch während der Monate, in denen er krank war, hatte er dort kontinuierlich gearbeitet. Günther Wachsmuth erzählt: »Wenn man in jenen Wochen und Monaten das Atelier betrat, fand man Rudolf Steiner meist halb aufgerichtet auf seinem Bett vor, lesend und schreibend. Er arbeitete ununterbrochen weiter.«[23] Zu jener Zeit schrieb er die »Leitsätze« – prägnante Beschreibungen wichtiger Themen, insbesondere über den großen Erzengel Michael.[24] Seine Notizen über Michael aus jener Zeit werden auch »Michael-Briefe« genannt.[25] Es war, als wollte er seinen Schülern auf jeden Fall zumindest noch diese Einsichten zu Michael vermitteln – als ob die Zukunft seiner Arbeit mit diesen Einsichten stand oder fiel.

Während seiner Krankheit besuchte ihn Marie Steiner jeden Tag, außer wenn sie auf Reisen war, um anderswo in der Welt Eurythmie-Aufführungen zu geben. Auch die (anderen) Vorstandsmitglieder der Anthroposophischen Gesellschaft besuchten ihn regelmäßig an seinem Krankenbett. Aber abgesehen davon, so erzählt Ita Wegman, lebten sie im Atelier in stiller Abgeschiedenheit. Auch während seiner Krankheit bekamen seine Tage einen festen Rhythmus: Um fünf Uhr morgens wachte er auf und rief sofort nach Ita Wegman – es durfte keine kostbare Zeit verloren gehen. Er nahm nur eine Tasse Tee mit etwas Zitronensaft zu sich und machte sich dann an die Arbeit. Bis sieben Uhr (manchmal auch bis acht Uhr) schrieb er Texte. Danach nahm er sich die Zeit, um zu lesen, geschäftliche Dinge zu regeln und Besucher zu empfangen. Aber danach musste er endlich etwas essen – und sofort schwand seine ganze Energie, und er wurde todmüde. Es war klar: Sein Verdauungs- und Stoffwechselsystem funktionierte nur noch sehr schwach. Erst in der Nacht, gegen Morgen, verschwand diese tödliche Müdigkeit. Trotzdem musste er etwas essen: Unterernährung war eine ständige Bedrohung. Es ist verständlich, dass Ita Wegman seine Krankheit als »Martyrium«, als Folter, bezeichnet.

Das Atelier wurde zum Tempel

Ita Wegman beginnt ihre Beschreibung der letzten Lebenstage Rudolf Steiners mit den Worten: »Ich kann über diese Dinge nur mit heiliger Scheu sprechen.«[26] Ihre Zurückhaltung ist verständlich: Rudolf Steiners Atelier, dieses schlichte hölzerne Arbeitszimmer, war sowohl durch seine jahrelange Arbeit in diesem Raum als auch durch sein Sterben und seinen Tod zu einem ganz besonderen Raum geworden, in dem Himmel und Erde, Menschen und geistige Wesen, auf intime Weise zusammen arbeiteten und lebten. Bei vielen Sterbenden können wir erleben, dass das Sterbezimmer zu einem Tempel wird. Aber bei Rudolf Steiner war dies in noch viel stärkerem Maße der Fall. Tatsächlich können die Besucher des Ateliers auch heute noch, rund hundert Jahre nach Rudolf Steiners Tod, diese besonderen Energien spüren. Dieser auf den ersten Blick so schlichte hölzerne Raum ist nämlich seit dem Tod Rudolf Steiners unverändert geblieben.

Nach seinem Tod konnten sich seine Freundinnen und Freunde sowie all seine Schüler von ihm verabschieden. Sein Körper lag auf dem Bett, zu Füßen der hölzernen Christus-Statue. Sein Gesicht strahlte vollkommene Ruhe und Erhabenheit aus, und seine Hände waren zum Gebet gefaltet. Scharen von Menschen kamen, um Abschied zu nehmen. Sie alle waren berührt von der besonderen Energie, die man im Atelier verspürte, und die zweifellos ihr Wesen verändert hat.

Ein Wassertropfen wie ein strahlender Diamant

Die Abschiedsfeier – Rudolf Steiners Leiche wurde eingeäschert – fand in dem Raum neben dem Atelier statt, dem großen Saal, in dem Rudolf Steiner seinen letzten Vortrag gehalten hatte. Die Zeremonie wurde von Friedrich Rittelmeyer, Priester der Christengemeinschaft, geleitet.[27] 1928, drei Jahre nach dem Tod von Rudolf Steiner, schrieb er das Buch: »Meine Begegnung mit Rudolf Steiner«. In diesem Buch erzählt er Folgendes über die Abschiedsfeier:

»Als ich auf Bitten von Marie Steiner in dem feierlich geschmückten Auditorium, in dem Steiner die meisten seiner Vorträge gehalten hatte, die Trauerfeier nach dem Ritual der Christengemeinschaft leitete, fiel ein Wassertropfen von dem verspritzten Weihwasser mitten auf seine Stirn und leuchtete dort während der gesamten Zeremonie wie ein strahlender Diamant. Das Licht der vielen Kerzen spiegelte sich in diesem strahlenden Diamanten wider – so wie sich die Offenbarungen des Lichts höherer Welten in diesem Geist widergespiegelt hatten. Mit dem Edelstein, der seine Stirn schmückte, versank der Körper im Sarg. Für mich war es, als hätten uns höhere Geister in einem irdischen Bild auf das hingewiesen, was wir miterlebt hatten.

Als die Zeremonie beendet war, war ich bis ins Tiefste meiner Seele hinein der festen Überzeugung: »Dieses Werk ist nun vollbracht. Als eine große Aufforderung an die Menschheit steht sie da. Wenn alle, die zu ihm gehören, ihre ganze Kraft gemeinsam dafür einsetzen, wird es sich durchsetzen.«[28]

Das Bild von diesem Tropfen, diesem strahlenden Diamanten, ist ein Bild, das auch viele Menschen in unserer heutigen Zeit berührt, die den Weg zu Rudolf Steiner gefunden haben: Sie erkennen darin die Bildersprache, in welcher die geistige Welt zu uns über diesen besonderen Menschen spricht.

3.

Der entscheidende Impuls im Leben Rudolf Steiners

Sie fanden den Weg zu Rudolf Steiner

Immer mehr Menschen haben in den letzten hundert Jahren den Weg zu Rudolf Steiner – und damit zu seinen Erkenntnissen – gefunden. Die meisten von ihnen hatten in ihrer Jugend nichts über ihn gehört, sondern kamen erst später im Leben mit ihm in Kontakt. Es ist faszinierend zu erleben, auf wie vielen verschiedenen Wegen Menschen mit ihm in Kontakt kamen und noch immer kommen:

- Einige fanden den Weg zu ihm, weil sie ihr Kind in die Waldorfschule geschickt und durch diese Erziehung das eine oder andere von Rudolf Steiner und seinen Einsichten gehört hatten, die sie berührten. Wie von selbst begannen sie, mehr über ihn zu lesen, und erlebten, wie sie ganz allmählich zu seinem Schüler wurden.
- Andere fühlten sich innerlich stark mit Christus verbunden, konnten aber mit dem, was die Kirchen über ihn sagten, nichts anfangen. Oft machten sie viele spirituelle Streifzüge (z.B. über den Buddhismus), bevor sie irgendwie von dem hörten, was Rudolf Steiner ihnen über das Geheimnis Christi erzählte. Und, wie jemand sagte: »Als ich das hörte, hatte ich das Gefühl, endlich wieder zu Hause anzukommen.«
- Wieder andere fanden den Weg zu ihm, als sie sich auf die Suche nach einer spirituellen Heilkunde begaben, weil ihnen die gängi-

ge, rein materialistisch orientierte Medizin zu einseitig erschien. Mit der anthroposophischen Heilkunde fanden sie einen Zugang zu ihrer Krankheit und ihren Fragen und hatten das Gefühl: »Jetzt werde ich gesehen, so, wie ich bin – hier wird nicht nur mein Körper, sondern auch meine Seele, ich selbst, beachtet.«

- Immer mehr Menschen in unserer heutigen Zeit werden sich der Tatsache bewusst, dass wir nicht nur einmal auf die Erde kommen, sondern immer wieder hierher zurückkehren, Leben für Leben. Daher werden *Karma und Reinkarnation* für sie auch selbstverständlich. Einige von ihnen wollen dies besser verstehen:« Können wir auch Einblick in diese vergangenen Leben gewinnen, und wenn ja, wie? Und macht es überhaupt Sinn, sich damit zu beschäftigen, oder geht es bei diesem Thema um andere Dinge? Zum Beispiel darum, dass Karma und Reinkarnation uns bewusst machen wollen, dass alle unsere Erfahrungen Lebenslektionen sind, die uns helfen, uns von Leben zu Leben immer weiter zu entwickeln?« Wer über Fragen wie diese nachdenkt, landet an einem bestimmten Punkt ganz automatisch bei Rudolf Steiner; denn er ist mit Abstand derjenige, der uns diese tiefere Einsicht schenken kann.[29] Auch auf diese Weise kommen heutzutage immer mehr Menschen mit Rudolf Steiner in Kontakt.
- Es gibt auch Menschen, die eine innere Verbindung zur Natur haben. Für sie nimmt die heutige Land- und Viehwirtschaft viel zu wenig (oder, wie sie oft sagen, gar keine) Rücksicht auf das Wesen von Pflanze und Tier und schätzt diese nicht angemessen. Die Viehzucht ist ihrer Meinung nach tier-unfreundlich und die Landwirtschaft pflanzen-unfreundlich. So landen sie automatisch bei der biologisch-dynamischen Landwirtschaft – und zwar deshalb, weil diese (noch mehr als die biologische Landwirtschaft) das Wesen der Tiere und Pflanzen berücksichtigt und es als Ausgangspunkt aller Betrachtungen nimmt. Darüber hinaus werden sich viele von denen, die stark umweltorientiert sind, zunehmend

der spirituellen Kräfte bewusst, die in der Natur wirken. Dadurch erhalten sie automatisch eine Verbindung zu den Naturwesen; und derjenige von ihnen, der mehr als jeder andere auf logische und klare Weise erklären kann, wer diese Naturwesen denn tatsächlich sind, was sie tun, wie sie funktionieren und wie wir unsererseits ihnen helfen können, ist Rudolf Steiner.[30]

- Wieder andere machten spirituelle oder hellseherische Erfahrungen. Viele von ihnen hatten das innere Bedürfnis, Einblick in das Warum und Wie dieser Erfahrungen zu gewinnen. So landeten sie automatisch bei Rudolf Steiner, denn niemand sonst kann uns einen so tiefen Einblick schenken wie er. Auch ich habe auf diesem Weg zu ihm gefunden.

Der Wunsch nach Verständnis

Lassen Sie mich zunächst etwas zu dem letzten Thema sagen: Zu den hellseherischen Erfahrungen. Früher arbeitete ich viele Jahre als Pfarrer bei Ikon, dem Kirchensender, der am 1. Januar 2016 aufgelöst wurde. In einer Reihe von Radiosendungen mit etwa zwölf Minuten Dauer machte ich damals auf Nahtod-Erfahrungen, Engel-Erfahrungen, Erscheinungen von Verstorbenen und andere spirituelle Erfahrungen aufmerksam. Es hat mich zutiefst berührt, dass ich in jener Zeit Hunderte von Rückmeldungen erhielt. Es stellte sich heraus, dass solche Erfahrungen viel häufiger waren als bisher angenommen, dass sie jedoch ein Tabu und nicht erzählbar waren. Das mag sich im Laufe der Jahre (ein klein wenig) verbessert haben, aber der Großteil der Menschen hält diese Art von Erfahrungen noch immer für Halluzinationen oder Phantasien. Sie klammern sich immer noch an die beschränkte Sichtweise, dass nur existiert, was sichtbar und greifbar ist, dass es keine geistige Welt gibt und der Tod dem Leben ein endgültiges Ende setzt. Von einem Weiterleben nach dem Tod – eine Erkenntnis, zu der hellseherische Erfahrungen uns ganz automatisch führen – wollen sie nichts wissen. Daher ist für Menschen, die paranormale Erfahrungen haben und diese – ganz dem aktuellen Zeitgeist entsprechend – verstehen wollen, die solide, gründliche und wissenschaftliche Erklärung solcher spiritueller Erfahrungen durch Rudolf Steiner äußerst sinnvoll und wichtig. Für einige von ihnen gilt sogar, dass die Erkenntnisse Rudolf Steiners in dieser Hinsicht für sie lebensrettend waren.

Christus erscheint heutzutage vielen Menschen

Was mich an den unzähligen hellseherischen Erfahrungen, die mir im Laufe der Jahre so viele Menschen anvertraut haben, ebenfalls zutiefst berührt hat, ist die Tatsache, dass etliche von ihnen mir sagten, sie hätten eine Erscheinung Christi (oder Jesu, wie sie ihn auch nannten) erlebt.[31] Doch gerade diese Erfahrungen sind immer noch sehr tabuisiert. Deshalb wagen es die meisten Menschen, die eine solche Erfahrung machen, immer noch nicht, darüber zu sprechen, nicht einmal mit den ihnen vertrauten Menschen in ihrem Umfeld. Es ist, so sagen sie, eine tiefgreifende Erfahrung, die ihr ganzes weiteres Leben bestimmt hat. Aber genau deshalb wagen sie es nicht, mit anderen darüber zu sprechen, weil sie Angst haben, dass diese ihre Erfahrung als Fantasie, Halluzination oder Traum abtun würden. Sie können solche Bemerkungen nämlich nur schwer ertragen, einfach weil diese Erfahrung für sie so heilig und richtungsweisend ist. Deshalb ziehen sie es vor, zu schweigen. Zudem wissen viele von ihnen auch nicht, wie sie von einer solchen Erfahrung am besten berichten sollen – schließlich sind all unsere Worte völlig unzureichend, um sie zu beschreiben.

Lassen Sie mich dies an einem Beispiel verdeutlichen. Eine alte Dame erzählte mir von ihrer Jugend in Niederländisch-Ostindien (dem heutigen Indonesien), als sie mit ihrer Mutter und vielen anderen in einem Lager eingesperrt war: »Den Soldaten wurde von Sukarno befohlen, uns alle zu töten. Als wir auf dem Platz standen, wurden wir plötzlich ins Licht gestellt. Nur meine Mutter und ich haben es gesehen. Eine große, gelblich-sonnige Aura, die im Inneren sehr hell wurde, in der sich eine Lichtgestalt befand. Das Licht sah wie ein Mensch aus und streckte eine Hand aus. Ich empfand daraufhin ein so intensives Gefühl der Liebe, dass ich am liebsten gestorben wäre.« In unserem Gespräch über diese Erfahrung erzählte sie auch, wer es war, der ihr in diesem schwierigen und entscheidenden Moment ihres Lebens zu Hilfe kam: »Ich wusste tief in meinem Inneren sofort, wer es war: Es war Jesus, der kam, um uns zu helfen.«

Christus steigt in die feinstoffliche Welt herab

Jahrelang – ich kannte Rudolf Steiner damals noch nicht, auch nicht sein Werk – suchte ich nach einer Antwort auf die Frage: »Wie kommt es, dass wir heutzutage so oft von Christus-Erscheinungen hören, und warum haben wir vorher so wenig oder gar nichts darüber gehört? Ist das Zufall, oder sagt es etwas über unsere heutige Zeit aus?« Überall habe ich nach einer Antwort auf diese Frage gesucht. Aber nirgendwo habe ich eine aussagekräftige Antwort gefunden, geschweige denn eine, die mich zufriedengestellt hätte.

Bis mir jemand erzählte, Rudolf Steiner hätte eine Antwort auf diese Frage. Ich begann, in Rudolf Steiners Büchern zu suchen und zu lesen und fand dort endlich die Antwort, nach der ich so lange gesucht hatte, die ich aber nie finden konnte. Zudem war es eine Antwort, von der ich innerlich sofort wusste: »Ja, das ist es, das stimmt.« Ich wusste es mit innerer Gewissheit.

Was er zu Beginn des 20. Jahrhunderts sagte, ist Folgendes: Der Kosmische Christus, ein göttliches Wesen, wird im Laufe dieses Jahrhunderts in die feinstoffliche Welt (die spirituelle Welt, die wie eine Hülle um die Erde herum liegt und die Verbindung zu den höheren spirituellen Welten, der Astralwelt und dem Devachan, herstellt) herabsteigen. Er erzählte auch (um 1910), dass einige Menschen ab den Dreißigerjahren jenes Jahrhunderts eine Erscheinung Christi erfahren würden, weil sich von diesem Zeitpunkt an Christus aus der feinstofflichen Welt zunehmend den Menschen zeigen würde. 1911 sagte er in einem Vortrag in Basel: »Denn die Zeit ist angebrochen, in der der ätherische Christus in das Leben auf der Erde eingreift und zunächst für eine kleine Schar von Menschen sichtbar wird, die von Natur aus hellsichtig sind. Dann wird er in den nächsten 3.000 Jahren für immer mehr Menschen sichtbar werden.«[32]

Wenn wir nun auf das letzte Jahrhundert zurückblicken, sehen wir, wie wahr seine Worte geworden sind: Seit den Dreißigerjahren hören wir zunehmend Botschaften von Menschen, welchen der Christus erschienen ist. Zum Beispiel Menschen in den Konzentrationslagern des Zweiten Weltkriegs oder in den Lagern in Niederländisch-Ostindien (siehe Beispiel oben). Rudolf Steiner sagte dazu: »Das ist es, was in der Bibel als die ›Wiederkunft Christi‹ bezeichnet wird.«

Wenn Sie das nur schwer verstehen können, kann ich das gut nachvollziehen. Ich selbst habe Jahre gebraucht, um all dies zu verstehen und zu verinnerlichen. Mit diesen wenigen Worten fasse ich daher ein großes, richtungsweisendes Ereignis zusammen. Ich habe immer mehr erkannt, wie wahr es ist, wenn Rudolf Steiner sagt, dass dieses Ereignis das entscheidende Ereignis unserer Zeit ist: Der Abstieg Christi in die feinstoffliche Welt und seine Erscheinung vor immer mehr Menschen mit der klaren Absicht, sie geistig aufzuwecken und dazu zu bewegen, ihr Leben entscheidend zu verändern. Erwacht durch diese Erfahrungen, wird die Menschheit nach und nach in die geistige Welt zurückfinden können, nachdem sie sich über so viele Jahrhunderte hinweg immer tiefer und intensiver mit der Welt der Materie verbunden hat.

Natürlich sind dies Prozesse, die viele Jahrhunderte in Anspruch nehmen werden, aber es ist – so erlebe ich es selbst – etwas ganz Besonderes, in einer Zeit leben zu dürfen, in der der Beginn dieser Transformation zum ersten Mal spürbar und sichtbar wird.

Es ist ein unvorstellbar großes Thema, das ich mit diesen wenigen Worten zusammenfasse. Ich entschuldige mich dafür, denn das Thema, das ich anspreche, ist so viel größer und umfassender, als ich mit diesen wenigen Worten ausdrücken kann. Aber für diejenigen, die daran interessiert sind, gibt es hinreichend Literatur, um sich in dieses Thema weiter zu vertiefen.[33] Im Rahmen dieses Kapitels habe ich dieses Thema angeschnitten, weil die immer größer werdende Schar von Menschen, die eine solche Erscheinung erleben, sich an niemanden wenden kann. Selbst die Kirchen wissen nicht, wie sie diese Entwicklung betrachten sollen, und schweigen lieber darüber. Der Einzige, der vernünftige Antworten zu geben weiß, ist Rudolf Steiner: Er gibt Antworten, die nicht nur das Herz, sondern auch den Verstand des Menschen befriedigen. Genau das ist so wichtig, denn wir leben in einer Zeit, in der wir auch mit unserem Verstand begreifen wollen, was uns an inneren oder spirituellen Erfahrungen zuteil wird.

Das zentrale Thema

Das Thema der *Herabkunft Christi in die feinstoffliche Welt* oder die *Wiederkunft Christi* ist ein zentrales Thema im Werk Rudolf Steiners; denn die von Christus ausgehende erweckende Kraft bringt die Menschen dazu, nicht mehr rein materialistisch zu denken und zu leben, sondern spirituell denken zu lernen. Eben dieser Wandel ihres Denkens führt sie zu allen möglichen gesellschaftlichen Neuerungen, wie ich sie oben beschrieben habe: *Die Bewegung der Waldorfschulen, die biologisch-dynamische Landwirtschaft, die Heilpädagogik, die anthroposophische Heilkunde* und so weiter. Alle diese Neuerungen sind also das Ergebnis des (unsichtbaren, aber so mächtigen) Impulses Christi. Dabei wirkt dieser Impuls jedoch nicht nur auf diejenigen, die eine Erscheinung von ihm erlebt haben, sondern auf alle, die sich ihm und seinem stillen Einfluss auf ihre Seelen öffnen.

Auch Rudolf Steiner selbst hatte um 1900 eine Begegnung mit dem Christus. In den Jahren zuvor hatte er intensiv unter dem übermächtigen Materialismus und der Tatsache gelitten, dass nichts von dem, was er hellseherisch sehen durfte, kommunizierbar war. Dies hatte bereits begonnen, als er sieben Jahre alt war. Damals sah er, wie eine durchscheinende Gestalt, die seiner Mutter ähnelte (offenbar eine Schwester seiner Mutter), die Wartehalle des Bahnhofs betrat, in dem sein Vater als Bahnhofsvorsteher arbeitete. Dort zeigte sie, wie sie ihr Leben beendet hatte, und verschwand anschließend im Kamin. Als Rudolf das seinen Eltern erzählte, war die Reaktion seines Vaters: »Du bist ein dummer Bub.«

Da lernte Rudolf Steiner bereits, dass es besser war, über Erfahrungen zu schweigen, die nur er selbst wahrnehmen konnte, andere hingegen nicht. Einige Tage später wurde dann ein Brief zugestellt, in dem es hieß, dass die Schwester seiner Mutter ihrem Leben ein Ende gesetzt hatte, genau so, wie Rudolf es wahrgenommen hatte.[34]

Der entscheidende Impuls im Leben von Rudolf Steiner

Dieses Erlebnis macht deutlich, dass Rudolf Steiner schon früh entdeckte, dass es zwei Welten gibt: Die äußere Welt, in der sich alle Gegenstände und Phänomene befinden, und eine geistige Welt, die wir in unserer Seele tragen, in der sich geistige Phänomene und Ereignisse abspielen.

Wie bereits erwähnt, hatte er um 1900, in einer Zeit tiefer Einsamkeit und Verzweiflung, weil er seine inneren Erfahrungen mit niemandem teilen konnte, eine richtungsweisende Christus-Erscheinung, die sich auf sein ganzes weiteres Leben ausgewirkt hat. Rudolf Steiner war äußerst zurückhaltend, wenn es darum ging, darüber zu sprechen. In seinem Buch »Mein Lebensgang« beschreibt er diese Erfahrung in nur einem einzigen Satz: »Auf das geistige Gestanden-Haben vor dem Mysterium von Golgatha in innerster, ernstester Erkenntnis-Feier kam es bei meiner Seelenentwicklung an.«[35] Wir dürfen annehmen, dass er im Geiste tagelang in tiefem Ernst versunken vor dem Kreuz von Golgatha stand und ihm dabei die verborgenen Geheimnisse des Mysteriums Christi offenbart wurden. In jenen Tagen veränderte sich sein Leben endgültig und für immer. (In Kapitel 13 werde ich dieses zentrale Thema im Leben Rudolf Steiners ausführlicher behandeln).

Eben diese Erfahrung machte ihn zum großen Meister des esoterischen Christentums im 20. Jahrhundert. Diese Erfahrung hat ihn auch dazu gebracht, einige dieser Geheimnisse dem modernen Menschen zugänglich zu machen. Darüber hinaus war es diese Begegnung, die ihn zu den verschiedensten innovativen Initiativen bewegte, wie zum Beispiel zur anthroposophischen Heilkunde, zur Bewegung der Waldorfschule, der biologisch-dynamischen Landwirtschaft und so weiter.

Zusammenfassend lässt sich sagen, dass diese Begegnung mit dem Kosmischen Christus ihm seine Berufung bewusst machte – und in den folgenden Jahren konnte jeder sehen, wozu dieser Impuls ihn Schritt für Schritt führte.

4.

Wer war Rudolf Steiner?

Erkenntnisse für den modernen Menschen

Marie Steiner begann nach dem Tod ihres Mannes, im Jahr 1925, die vielen Vorlesungen (oder Vorträge, wie sie üblicherweise genannt werden), die er nicht nur in Dornach in der Schweiz, sondern auch in vielen anderen Ländern gehalten hatte und von welchen viele stenographisch erfasst worden waren, zu veröffentlichen. Marie Steiner verstarb 1948. Doch nach ihrem Tod haben andere ihre Arbeit fortgesetzt. Noch immer sind nicht alle Vorträge veröffentlicht – der letzte wird voraussichtlich im Jahr 2025 erscheinen. Bis dahin werden insgesamt etwa 320 Bücher mit Vorträgen veröffentlicht sein. Übrigens enthält jedes Buch einen anderen Inhalt – Rudolf Steiner hielt nie den gleichen Vortrag ein zweites Mal. Neben den Vorträgen sind etwa dreißig weitere Bücher veröffentlicht worden, die von ihm selbst verfasst wurden. Leendert Mees sagte darüber: »Das Lebenswerk von Rudolf Steiner kann jeder kennenlernen. Es als Ganzes zu studieren, ist fast unmöglich, denn es handelt sich um mehr als 350 Bücher, das größte Werk, das jemals jemand hinterlassen hat.«[36]

Je mehr Vorträge und Bücher ich las, desto mehr begann mich Rudolf Steiner zu faszinieren. Vor allem, weil ich den Inhalt seiner Bücher als ein Geschenk an meine Seele erlebte. Hier fand ich die Erkenntnisse, nach welchen ich so lange gesucht hatte: Erkenntnisse, die mein Herz befriedigten und von welchen meine Seele sagte: »Ja, so ist es, so muss es sein.« Nie zuvor hatte ich erlebt, dass mein Herz und meine Seele irgendwelche Erkenntnisse völlig vorbehaltlos und ohne jegliche Einschränkungen akzeptierten; und doch hatte ich zu jenem Zeitpunkt während meiner langen Suche nach Erkenntnissen bereits sehr viel gelesen und durchforstet, darunter nicht nur die Schriften von Nag Hammadi, sondern auch die Bücher von Kierkegaard, Swedenborg und die Schriften vieler Mystiker wie Johannes vom Kreuz, Tauler und Meister Eckhart. Alle diese Bücher haben mich wirklich angesprochen, und ich habe sie sehr genossen. Doch zugleich hinterließ das Studium dieser Schriften in mir auch eine gewisse Unzufriedenheit, weil sie mir nicht die klaren Einsichten schenkten, die ich als Mensch des 20. Jahrhunderts suchte – klare, logisch durchdachte Einsichten, die auch meinen Verstand und nicht nur mein Herz und meine Seele befriedigten. Beim Lesen wurde mir immer klarer: Die Mystiker gaben den Menschen der vergangenen Jahrhunderte Nahrung für ihre Seelen, und das war eine kostbare und bereichernde Nahrung.[37] Doch heute, da sich die Denkfähigkeit des Menschen inzwischen so viel weiterentwickelt hat, braucht er diese Erkenntnisse auf eine andere, neue Art und Weise, entsprechend seiner heutigen erhöhten Denkfähigkeit. Es ist Rudolf Steiner, der, wie ich immer deutlicher zu erkennen begann, dem modernen Menschen dieses Geschenk macht: Erkenntnisse, die auch das Denken befriedigen und die der heutige Mensch braucht, um sich geistig weiterentwickeln zu können.

Wer war Rudolf Steiner?

Alles, was ich über ihn las, machte mich immer neugieriger auf den Menschen Rudolf Steiner. Wer war er überhaupt? Wie war er im Umgang mit anderen? Wie war es möglich, dass er zu seiner Zeit so viele Menschen in der Tiefe ihrer Seele berühren konnte? Was war das Geheimnis seiner Ausstrahlung? War er eigentlich ein offener oder verschlossener Mensch? War er leicht zugänglich oder unnahbar?

Wie war es möglich, dass er die vielen großen Einsichten, von denen er uns erzählte, in seine Seele einfließen lassen und die richtigen Worte finden konnte, um sie an die Menschen weiterzugeben? Es ist bezeichnend, dass es auch heute noch immer niemanden gibt, der alles gelesen hat, was Rudolf Steiner in seinen vielen Vorträgen und Büchern gesagt und geschrieben hat. Einfach deshalb, weil man jedes Buch lesen, lesen und nochmals lesen muss, bevor man wirklich anfängt zu verstehen, was er uns mitteilen will. Das Studium seiner Bücher nimmt daher viel Zeit in Anspruch. Darüber hinaus ist es wichtig zu erkennen, dass es in seinen Vorträgen und Büchern um ein höheres Denken geht, an das wir noch nicht gewöhnt sind. Das ist auch ein Grund, weshalb die Lektüre seiner Bücher viel Zeit in Anspruch nimmt. Außerdem hat er unglaublich viel gesagt und geschrieben.

Wenn man das alles erkennt, bekommt man immer größeren Respekt vor dem Menschen Rudolf Steiner und beginnt sich immer mehr zu fragen, wie all dies überhaupt möglich war:

- Zunächst, dass er alle diese Einsichten überhaupt *bekommen* konnte,
- dass er sie daraufhin in seinem Inneren *verarbeiten* konnte, und
- dass es ihm daraufhin gelang, sie *in Worte zu fassen*,
- und dass er sie schließlich klar und mit großer innerer Überzeugung *an andere weitergeben* konnte.

Er war eindeutig ein Mann, der (aus geistiger Sicht) seinen Zeitgenossen weit voraus war; und doch war er so »normal« in seinem Handeln. Je mehr mir diese Dinge bewusst wurden, desto mehr begann ich zu bedauern, ihn nie persönlich getroffen zu haben – schließlich war er schon längst verstorben, als ich geboren wurde.

Eine innere Verbindung zu Carl Gustav Jung

Wenn ich auf meine eigene Entwicklung zurückblicke, stelle ich fest, dass es ziemlich lange gedauert hat, bis ich eine tiefere, innere Verbindung zu ihm bekam – er war eindeutig jemand, den man nicht so leicht kennenlernt. Das war ganz anders als das, was ich zum Beispiel bei Carl Gustav Jung, dem bekannten Schüler Freuds und einem der wichtigsten Psychologen der Neuzeit, erlebt hatte.

Da ich als Kind immer viel geträumt habe, fragte ich mich schon in sehr jungen Jahren, was diese Träume wohl bedeuten könnten. In meiner Studienzeit entdeckte ich Carl Gustav Jung, las seine Bücher und nahm seine Erkenntnisse auf, insbesondere das, was er über die Traumsymbolik erklärt hat.[38] Dadurch erhielt ich Zugang zum tieferen Sinn meiner Träume. So war es verständlich, dass er mir mit der Zeit immer mehr bedeutete und ich begann, mich in seine Lebensgeschichte und in die Frage zu vertiefen, was für ein Mensch er denn eigentlich gewesen war. Er war, wie ich entdeckte, eine warme, offene Persönlichkeit, die sich auch in ihrer Verletzlichkeit zeigte. Später begegnete er mir mehrfach in meinen Träumen, wobei er mir liebevolle Anweisungen gab. Auf diese Weise bekam ich nach und nach eine immer tiefere innere Verbindung zu ihm. Ich besuchte auch sein Ferienhaus in Bollingen am Zürichsee, wo er die Jahre seiner Lebenskrise verbracht hatte, und schaute mir unter anderem die Decke seines Arbeitszimmers an, die er selbst mit Bildern aus der Tiefe seiner Seele bemalt hatte. Ich denke, es ist also nur zu verständlich, dass Jung in meinem Inneren zu einer lebendigen Figur wurde, auch wenn ich ihm nie persönlich begegnet bin. In meinem Innenleben wurde er allmählich so real, dass ich das Gefühl hatte (und immer noch habe), ihn besser zu kennen als viele Menschen in meinem direkten Umfeld. Es ist an sich schon ein Wunder, dass man mit Menschen, welchen man nie selbst begegnet ist und die nicht einmal Zeitgenossen sind, eine tiefe innere Verbindung herstellen kann, die es ermöglicht, im Geiste mit ihnen zu kommunizieren.

Er holte mit seinen Worten den Himmel auf Erden herab

Ganz anders war der Weg, über den ich eine Verbindung zu Rudolf Steiner aufbaute: Bei ihm war es nicht so einfach und selbstverständlich wie bei Carl Gustav Jung. Als ich begann, mich mehr und mehr für den Menschen Rudolf Steiner zu interessieren, wandte ich mich irgendwann den Menschen zu, die ihn gekannt, mit eigenen Augen gesehen und mit ihm selbst gesprochen hatten – nämlich seine Zeitgenossen. Wie haben sie ihn erlebt, und was haben sie über ihn weitergegeben?

Wenn man ihre Erinnerungen liest, merkt man sofort, dass sich viele von ihnen von ihm berührt fühlten, jeder auf seine individuelle Weise.[39] Einige von ihnen sagten sogar mit ganz vielen Worten, dass die Begegnung mit ihm ihr Leben für immer verändert hatte. Etliche von ihnen sagten auch, dass sie sich vom Moment ihrer ersten Begegnung mit Rudolf Steiner an unzertrennlich mit ihm verbunden fühlten. Irgendwie ging etwas von ihm aus, das sie in ihrer tiefsten Seele berührte und ihnen keine andere Wahl ließ, als sich ihm mit tiefer Zuneigung und Liebe zu öffnen. Das geschah ganz automatisch.

Bemerkenswert ist auch, mit welcher Ehrfurcht sie meist von ihm sprachen – mit einer Ehrfurcht, die gewiss keine sklavische Verehrung war, sondern einem tiefen Respekt vor seiner Weisheit, seinem unvorstellbaren Wissen, seiner Einfachheit und Menschlichkeit entsprang. Auch diejenigen unter ihnen, die selbst ausgesprochene Persönlichkeiten waren und viel geleistet hatten (wie beispielsweise Ita Wegman und Willem Zeylmans van Emmichoven), schauten mit tiefem Respekt zu ihm auf. Gerade sie sahen und spürten: Das ist nicht irgendein Mensch, das ist ein Mensch, der von der geistigen Welt zur Erde gesandt wurde, um uns in einer Zeit, die von einer zunehmenden geistigen Verfinsterung gekennzeichnet ist, einen Weg nach vorn zu weisen.

Es ist interessant, dass Rudolf Steiner nicht so sehr wegen seiner Statur auffiel. Willem Zeylmans van Emmichoven war siebenundzwanzig Jahre alt, als er zum ersten Mal einen Vortrag von Rudolf Steiner besuchte. Er berichtete über die Eindrücke, die er damals gewonnen hat: »Rudolf Steiner ist mittelgroß, schlank, nahezu hager. Demjenigen, der ihm zuhört, fällt dies sofort als etwas Eigenartiges auf, denn die Stimme, mit der er spricht, ist kraftvoll und mächtig. Es ist eine Stimme, deren Klang etwas Unvergessliches an sich hat. Etwas tief Bewegendes liegt darin, als ob derjenige, der spricht, das Leid der ganzen Menschheit zu tragen hätte.«[40] Neben seiner Stimme war Willem Zeylmans auch von Rudolf Steiners Haltung berührt: Aufrecht, als ob er Himmel und Erde miteinander verband, stand er vor seinen Zuhörern. Was ihm aber besonders auffiel, war die Tatsache, dass es in diesem Vortrag nicht nur darum ging, das zu verstehen, was Rudolf Steiner sagte, sondern es geschah auch noch etwas anderes: *Seine Worte hatten noch eine andere Bedeutung, eine andere Wirkung. Und genau um diese andere Wirkung ging es!* Es war etwas ganz anderes als das, was Willem Zeylmans bei den Professoren erlebt hatte, die ihn während seines Studiums unterrichtet hatten. Bei ihnen ging es nur darum, ihre Worte zu verstehen. Aber bei Rudolf Steiner wurde man auf einer tieferen Ebene berührt, und was dann geschah, war dem Denken verborgen.

Assja Turgenieff stellte dasselbe fest. Sie kam aus Russland. Kurz nachdem sie in Deutschland angekommen war, besuchte sie einen Vortrag von Rudolf Steiner, obwohl sie zu jenem Zeitpunkt noch kein Wort Deutsch sprach. Sie erzählte darüber: »Erst als der Vortrag zu

Ende war, fragte ich mich erstaunt: ›Was ist da jetzt eigentlich passiert?‹ Ich verstand kein Wort von dem Vortrag, und doch empfand ich so viel beim Zuhören, als ob ich alles verstanden hätte.«

Der jung verstorbene deutsche Dichter Christian Morgenstern hat mit seiner jugendlichen Aufgeschlossenheit und der ihm eigenen Feinfühligkeit die Wirkungsweise der Worte Rudolf Steiners in besonderer Weise beschrieben. Sein Gedicht lautet wie folgt:

Er sprach …

Und wie er sprach, erschien in ihm
die Throne, Cherubim und Seraphim,
der Sonnen Stern, der Wechsel der Planeten
von Ort zu Ort.

Das alles (sprang hervor) bei seinem Laut,
ward blitzschnell, wie ein Weltentraum, erschaut,
der ganze Himmel schien herabgebeten
von seinem Wort… [41]

Es ist wunderbar, wie Christian Morgenstern das verborgene Wesen der Worte Rudolf Steiners beschreibt: Mit seinen Worten stieg die geistige Welt selbst auf die Erde herab, und die höheren Engel wurden greifbar – Engel, die mit ihren heiligen Energien die Anwesenden einhüllten und sie in eine Sphäre des höheren Wissens erhoben. Anders ausgedrückt: Seine Worte öffneten die geistige Welt und verbanden die Herzen der Menschen mit den Engeln.

5.

Begründer einer neuen Kultur

Begründer einer neuen Kultur

Auffällig ist, dass viele von Rudolf Steiners Schülern eine besondere Größe in ihm spürten – eine Größe, die sie auch als Mysterium bezeichneten, weil sie dem bloßen Denken mit dem Kopf verborgen blieb und sogar unzugänglich war. So schrieb Ita Wegman auf einen kleinen Notizzettel, der (glücklicherweise) erhalten geblieben ist und als Gedächtnisstütze für einen Vortrag über Rudolf Steiner gedacht war, eine Feststellung, die sie ihren Mitarbeitern mitteilen wollte: »In seinem Wesen liegt ein Geheimnis.« Sie notierte auch folgende Worte, die ebenfalls für ihre Schüler und Mitarbeiter gedacht waren: »Ihr seht ihn immer viel zu klein.« Ich denke, ihre Worte enthalten eine tiefe Wahrheit, und vermute, dass erst spätere Generationen seine wahre Größe entdecken werden.

Feststellungen wie diese machen deutlich, wie sehr die Menschen um Rudolf Steiner eine gewisse Größe erlebten, die weit über das Alltägliche hinausging und in allem, was er sagte und tat, mitschwang und hindurchwirkte. Deshalb konnte Willem Zeijlmans van Emmichoven schreiben: »Wie viele Jahre müssen noch vergehen, bis das Geheimnis des Mannes, der diesen Namen (Rudolf Steiner) trug, vollständig verstanden wird?« Willem Veltman sprach in diesem Zusammenhang von einem unergründlichen Rätsel und stellte die Frage: »Wer war dieser Mann, dass er in der kurzen Dauer eines einzigen Lebens ein so gigantisches Werk schaffen konnte?« [42]

Andreas Neider deutet an, dass er im Grunde ein Wegbereiter ist: Der Gründer und Eingeweihte, der am Anfang einer neuen Kultur (-Periode) steht und mit seinen Einsichten und durch seine Arbeit eine solche neue Kultur möglich macht. Man denke beispielsweise an Persönlichkeiten wie Moses (Urvater des Judentums), Hermes Trismegistos (Urvater der altägyptischen Kultur) und Zarathustra (Urvater der altpersischen Kultur). Andreas Neider schreibt: »Sein Werk zeugt von einer Geistesgröße, wie man sie nur bei den Urvätern früherer Kulturen finden kann.«

Ich könnte noch viele weitere Aussagen und Bemerkungen von Schülern und Zeitgenossen zitieren, aber ich denke, dass das oben Gesagte ausreicht, um deutlich zu machen, wie seine Schüler ihn erlebt haben. Wenn ich anfangs solche Bemerkungen las, fragte ich mich manchmal, ob seine Schüler ihn nicht ein wenig zu sehr anhimmelten. Doch je mehr ich Rudolf Steiners Werk studierte und je mehr ich mich innerlich mit ihm verband, desto mehr verstand ich, dass seine Schüler keineswegs übertrieben hatten, sondern bereits achtsam auf das hinwiesen, was spätere Generationen in Zukunft noch zu entdecken haben. Nach und nach begann ich zu erkennen, dass er wirklich der Begründer beziehungsweise Urvater einer neuen Kultur ist, die in den kommenden Jahrhunderten alle Arten von Widerständen und Prüfungen überwinden wird. Aber wie immer bei einem Menschen, der die anderen mit Kopf und Schultern überragt, werden erst zukünftige Generationen seine wahre Größe kennen lernen. Natürlich kommt es seinem Werk zugute, wenn schon jetzt, in unserer Zeit, immer mehr Menschen beginnen, etwas von seiner wahren Größe und seiner wahren Bedeutung für die Menschheit zu entdecken.

Eine neue Kultur: Die Kultur des Geistes

Auch seine ersten Schüler erkannten, dass Rudolf Steiner der Menschheit helfen wollte, den Schritt von einer alten, untergehenden Kultur zu einer neuen, noch weitgehend verborgenen zu vollziehen. Willem Zeylmans van Emmichoven schrieb deshalb auch: »Mit ihm kündigt sich eine neue Ära an.«[43] Die gegenwärtige Kultur, die uns geprägt hat, ist eine Kultur, die sich hauptsächlich auf die Materie konzentriert. Sie will die Gesetze der Materie entdecken, die Materie nach ihrem eigenen Willen formen und sie mit der Kraft ihres Denkens erforschen und ergründen. Diese Kultur ist nun wirklich auf dem Höhepunkt ihrer Entwicklung angelangt. Daher die enormen Entwicklungen im technischen Bereich, die die Menschheit in den letzten Jahrhunderten hervorgebracht hat. Alle diese Errungenschaften zeigen, wie viel die Menschheit dieser Kultur verdankt. Die Materie – und damit das Sichtbare und Messbare – ist so zentral in dieser Kultur, dass alles, was nicht messbar, greifbar und sichtbar ist, als Illusion abgelehnt wird. Daher sagen heute viele, dass mit dem Tod auch wirklich alles endet, dass es kein Leben nach dem Tod geben kann, dass Engel reine Phantasie sind und Mutter Erde ein Ding und kein Lebewesen ist.

Aber jetzt, da unsere Kultur den Höhepunkt ihrer Entwicklung erreicht hat, wird auch der erste Verfall sichtbar. Zeylmans van Emmichoven schlussfolgert: »Der Höhepunkt der äußeren Entwicklung ist der Beginn des Todes (dieser Kultur).«[44] Nicht umsonst machen sich immer mehr Menschen Sorgen über den zunehmenden Verfall in unserer Zeit, der in vielen Bereichen zu beobachten ist. Die überbordende Hochblüte unserer gegenwärtigen materialistischen Kultur ist offenbar vorbei und scheint unbemerkt in eine Abwärtsentwicklung überzugehen.

Die Geisteswissenschaften

Rudolf Steiner will uns eine andere Denkweise vermitteln und uns dadurch die Möglichkeit geben, in eine neue Kultur einzutreten und diese zu verwirklichen. »Der von Rudolf Steiner proklamierte neue Zeitgeist will die Menschen zum Geist führen.«[45] An die Stelle des gegenwärtigen Denkens, das hauptsächlich auf die Materie ausgerichtet ist und den Bezug zur Welt des Geistes zunehmend verloren hat, wird eine neue, spirituelle Denkweise treten. Aber gerade weil Rudolf Steiner uns eine neue, andere Art des Denkens bescheren möchte, ist dieses neue Denken – und mit ihm die neue Sprache, die nötig ist, um dieses neue Denken auszudrücken – für uns zunächst einmal sehr schwer zu verstehen. Diese neue Sprache selbst und dieses andere Denken sind im Grunde gar nicht so schwierig. Doch wir können sie nicht einfach in uns aufnehmen, denn wir leben noch voll und ganz in den Gedanken, Vorstellungen und Ideen der alten, materialistischen, dahinsterbenden Kultur. Daher muss jeder, der wirklich zu den Gaben – und damit zu den neuen Erkenntnissen – die Rudolf Steiner uns vermitteln möchte, vordringen will, bereit sein, die alte Denkweise loszulassen, um in sich selbst eine ganz neue, andere Denkweise aufzubauen. Wenn die alte Kultur vor allem eine Kultur der Materie war, so möchte uns Rudolf Steiner die Kultur des Geistes bringen. Nur wenn wir diesen Übergang – also von der Materie zum Geist – vollziehen, werden wir imstande sein, die Abwärtsentwicklung unserer Zeit in eine neue, aufwärts gerichtete Entwicklung umzuwandeln.

Auffällig ist übrigens, dass Rudolf Steiner im wissenschaftlichen Denken seiner Zeit erzogen worden war. Er hatte in Wien promoviert und dort Naturwissenschaften studiert – ein Studium, das stark auf die Materie ausgerichtet ist. Er zeichnete sich darin sogar so sehr aus, dass sein Professor ihn beauftragte, das von Goethe hinterlassene naturwissenschaftliche Werk in Weimar (Deutschland) so aufzubereiten, dass es veröffentlicht werden konnte. Außerdem musste er Goethes Werk um philosophische und erhellende Erläuterungen ergänzen.[46]

All dies zeigt, wie sehr Rudolf Steiner in seinem Leben zunächst in das wissenschaftliche und materialistische Denken seiner Zeit eintauchte, bevor er sich in die Philosophie vertiefte und noch später zur Esoterik überging. Er war also sicher nicht abgehoben – im Gegenteil. Sein ganzes Leben lang war er bestrebt, alles, was er sagte und schrieb, auf streng wissenschaftliche Weise zu belegen. So wurde er zum Begründer einer neuen Wissenschaft – einer geistigen Wissenschaft, die gewöhnlich als »die Geisteswissenschaft« bezeichnet wird. Eben diese *Wissenschaft des Geistes* wird es ermöglichen, eine ganz neue Kultur aufzubauen.

Das Klimaproblem

Dass eine neue, andere Denkweise notwendig ist, möchte ich am Beispiel des großen Klimawandels, den wir zurzeit erleben, verdeutlichen. Niemand kann mehr leugnen, dass das Klima in der heutigen Zeit radikalen Veränderungen unterworfen ist. Allgemein heißt es, dies sei das Ergebnis menschlichen Handelns: Wir stoßen zu viel CO_2 aus, wodurch sich die Erde allmählich erwärmt, das Eis der Polkappen schmilzt und infolgedessen die Temperaturen steigen und immer extremer werden. Als Reaktion auf diese gefährliche Entwicklung werden alle möglichen Maßnahmen zur Begrenzung der CO_2-Emissionen ausgearbeitet.

Dennoch glaube ich, dass wir in Zukunft anders denken müssen, wenn wir die wahren Ursachen der gegenwärtigen Umweltprobleme ergründen wollen. Wenn wir dies ausschließlich unter den Aspekten CO_2-Ausstoß und globale Erwärmung betrachten – und als Reaktion darauf nur die Reduktion der CO_2-Emissionen haben, wenden wir das übliche materialistische Denken an, das so typisch für unsere gegenwärtige Kultur ist. Wenn wir jedoch von einem anderen, spirituellen Denken ausgehen (das charakteristisch für die neue Kultur ist, die sich herausbildet und durch alle möglichen Prüfungen geboren werden wird), dann lernen wir auch, diese Umweltprobleme auf eine andere Art und Weise zu betrachten. Aber wie?

Dann gehen wir grundsätzlich davon aus, dass die Erde ein Lebewesen ist und nicht nur ein Ding. So, wie Menschen, Tiere, Pflanzen und Steine (ja, auch Gestein!) Lebewesen sind, so sind auch Planeten lebendige Wesen. Auch die Erde ist folglich ein Lebewesen. Dieses Lebewesen ist, genau wie der Mensch, an einen ständigen Kreislauf von Tod und Wiedergeburt gebunden; oder mit anderen Worten: Die Erde reinkarniert immer wieder aufs Neue. Ihre gegenwärtige Inkarnation heißt »Mutter Erde«.[47]

Die Erde – ein Lebewesen im besten Lebensalter

Nun können wir Mutter Erde mit einer Frau mittleren Alters vergleichen, die die Phase des Übergangs erreicht hat. Auch Mutter Erde ist in dieser entscheidenden Lebensphase angekommen. Jeder Mensch (nicht nur Frauen, sondern auch Männer) muss lernen, in der Phase der Midlife-Crisis umzudenken und die Dinge anders zu betrachten. Schließlich muss nun die Aufmerksamkeit auf spirituelle Fragen gerichtet werden, wie zum Beispiel: »Was ist eigentlich der Sinn meines Lebens? Was ist Sterben? Ist es das endgültige Ende oder lebt der Mensch auf der anderen Seite des Todes in einer anderen Form weiter?« Auch andere Fragen stellen sich, wie zum Beispiel: »Habe ich schon einmal auf der Erde gelebt, oder war dies das erste Mal, dass ich auf die Erde kam?« Wer diese Phase bewusst durchlebt, beginnt zu erkennen, dass es nicht so sehr um das »Haben«, sondern um das

»Sein« geht – und damit nicht so sehr um die Materie, sondern um den Geist.

Jeder, der diese Übergangsphase durchlaufen hat, weiß genau, was ich meine; und wem diese noch bevorsteht, der wird später die tiefere Bedeutung dieser Beschreibung verstehen. Was für mich jetzt wichtig ist, ist, dass auch Mutter Erde derzeit eine Midlife-Crisis durchläuft: Sie hat die Hälfte ihrer Lebensspanne als Planet oder die Hälfte ihrer Entwicklung als Planet hinter sich, und so leidet sie jetzt (um es bildlich auszudrücken) unter Hitzewallungen und anderen Übergangsphänomenen. Ihre Temperatur ist aus dem Gleichgewicht geraten. Auch das ist eine wichtige Ursache für die gegenwärtigen Klimaveränderungen. Allein die Reduzierung der CO_2-Emissionen wird an diesem Prozess nichts ändern.

Was wir der Erde geben können

Deshalb ist es auch wichtig, uns Folgendes bewusst zu machen: Der Mensch, der die Midlife-Crisis durchmacht, muss lernen, von nun an spirituell zu denken und über spirituelle Fragen des Lebens nachzudenken. Bisher konzentrierte er sich hauptsächlich auf die Erde: Sein Beruf, sein Haus, die Kindererziehung und so weiter. Doch nun muss der Mensch seinen Blickwinkel verändern und sich der geistigen Welt bewusst werden. Schließlich befindet er sich nicht mehr in einer absteigenden Bewegung in Richtung Erde, und es ist nicht mehr seine ganze Aufmerksamkeit darauf gerichtet, einen eigenen Platz auf dieser Erde zu erobern. Jetzt beginnt er eine Aufwärtsbewegung, die ihn schließlich in die geistige Welt zurückbringen wird, aus der er stammt. Deshalb muss er sich jetzt dieser Welt sowie der vielen Fragen bewusst werden, die dieser große Wandel aufwirft.

Mutter Erde befindet sich im Grunde genommen in einer ähnlichen Übergangsphase wie sie auch der Mensch in seiner Lebensmitte durchläuft. Bisher hat Mutter Erde alle ihre irdischen Kräfte der Menschheit geschenkt und ihr mit ihren natürlichen Gaben gedient. Doch nun wird die Erde älter: Ihre natürlichen Kräfte erschöpfen sich. Deshalb werden geistige Kräfte für sie jetzt immer wichtiger. Das bedeutet, dass sie immer weniger von Naturkräften lebt, sondern zunehmend mehr von geistigen Kräften.

Es sind diese geistigen Kräfte, die der Mensch nun der Erde geben muss: Er darf nicht mehr einfach nur von den irdischen Reichtümern profitieren, die Mutter Erde uns so überschwänglich geschenkt hat. Statt nur zu nehmen, muss der Mensch jetzt lernen, der Erde etwas zu geben. Ist das nicht dasselbe, was Kinder im Hinblick auf ihre Eltern lernen müssen? Lange Zeit nehmen sie nur das, was ihre Eltern zu geben haben, wie etwa Aufmerksamkeit, Fürsorge, Liebe, Erziehung und Bildung. Aber wenn die Eltern älter und gebrechlicher werden, müssen die Kinder lernen, ihnen auch etwas zu geben (anstatt nur zu nehmen) – Aufmerksamkeit, Fürsorge und manchmal sogar häusliche Pflege.

Die Entwicklung eines spirituellen Denkens

Dieses Beispiel macht deutlich, dass wir in unserer heutigen Zeit auch Mutter Erde bei ihren Übergangsproblemen helfen können – indem wir spirituelle Kräfte entwickeln, die Mutter Erde zugutekommen und die Übergangsprobleme, unter denen sie leidet, lindern werden.

Aber wie können wir diese Kräfte entwickeln? Indem wir uns spirituell entwickeln und uns einem inneren, spirituellen Wachstum widmen. Die spirituellen Kräfte, die wir dabei erwerben, werden Mutter Erde zugutekommen und ihr beim großen Übergang von einer natürlichen Lebensphase zu einem Prozess der Vergeistigung verhelfen. Die spirituellen Kräfte, die wir erwerben, werden Mutter Erde beim Übergang von einer Phase, in der die Naturkräfte im Mittelpunkt standen, in eine Phase helfen, in der die spirituellen Kräfte immer mehr in den Mittelpunkt rücken.

Die aktuelle Klimakrise verlangt von uns nicht nur Maßnahmen gegen weitere CO_2-Emissionen; das ist immer noch die alte, materialistische Denkweise. Die Erde fordert uns darüber hinaus auch auf, ein spirituell ausgerichtetes Denken zu entwickeln – und damit an uns selbst zu arbeiten – um die dabei erworbenen spirituellen Kräfte Mutter Erde zugutekommen zu lassen. Das ist eine weiterführende, spirituelle Antwort auf die gegenwärtige Klimakrise.

Widerstand

Ich verstehe, dass Sie beim Lesen dieses Beispiels vielleicht einen gewissen inneren Widerstand verspüren. Das ist verständlich: Wir sind alle noch so sehr vom (materiell orientierten) Denken unserer heutigen Kultur geprägt, dass es uns schwerfällt, uns für eine neue Denkweise zu öffnen. Und doch ist es das, was nicht nur Mutter Erde, sondern die gesamte Entwicklung der Menschheit in unserer heutigen Zeit von uns verlangt: Mutig zu sein und den Mut zu haben, anders und in einer neuen Weise zu denken. Nur wer dies wagt, schenkt der Erde und der Menschheit eine neue Zukunft. So, wie es einst Rudolf Steiner tat.

6.

Wir brauchen ein neues Paradigma

Überwindung der Arroganz des gegenwärtigen Denkens

Die Geisteswissenschaften wollen uns klar, vor allem aber bewusst machen – dass wir im Grunde »schlafen«. Daher nannte Rudolf Steiner den Menschen ›ein schlafendes Wesen‹ – und zwar deshalb, weil wir uns nicht bewusst sind, dass der Kosmos so viel größer ist als das, was wir davon in diesem entlegenen Winkel des Kosmos sehen und beobachten können. Dies gilt nicht nur für den physischen Kosmos, sondern auch für den geistigen Kosmos.

Der größte Teil des Kosmos ist unseren physischen Augen verborgen. Das liegt vor allem daran, dass es sich dabei um geistige Kräfte und Energien handelt, die wir mit den Augen unseres physischen Körpers nicht wahrnehmen können – diese vermögen nur Materie wahrzunehmen, die Substanz, aus der wir auch selbst bestehen. Aber auch wenn unsere Augen die Welt des Geistes nicht wahrnehmen können, so können sie doch das Spiel des Geistes mit der Materie wahrnehmen. Denken Sie nur an den Gesichtsausdruck Ihres Gegenübers, der etwas von den Gedanken, Gefühlen und den tieferen Beweggründen widerspiegelt, die im anderen leben.

Hier auf der Erde sind wir von einer geistigen Welt umgeben, die in und durch die Materie hindurch wirkt und sie am Leben erhält. Aber so wie jemand, der schläft, sich der Dinge um ihn herum, wie etwa des Nachttisches, des Weckers und des Kleiderschranks, nicht bewusst ist, so sind wir uns auch tagsüber der geistigen Welt um uns herum nicht bewusst. Deshalb sind wir uns auch der Engel und Naturwesen nicht bewusst, die überall im Kosmos und damit auch hier auf der Erde tätig sind und uns Lebenskraft, Einsicht und Liebe schenken.

Elisabeth Kübler-Ross verglich einmal eine verstorbene Person mit einem Schiff, das man auf dem Meer fahren sieht, das jedoch den Horizont überschreitet und von diesem Moment an unsichtbar wird. Doch selbst wenn dieses Schiff nicht mehr zu sehen sei, sei es deshalb immer noch da, sagte sie. So ist es auch mit einem Verstorbenen: Er hat den Horizont überschritten und ist unsichtbar geworden. Doch auch wenn wir ihn nicht mehr sehen können, so ist er doch immer noch da – er lebt in der geistigen Welt weiter. Dieses Beispiel macht deutlich, dass es eine Wirklichkeit gibt, die wir mit dem gegenwärtigen Denken weder sehen, noch aufzeigen, noch beweisen können.

Wenn wir darüber nachdenken – so geht es zumindest mir – wird mir immer deutlicher, dass es eigentlich sehr arrogant ist zu glauben, dass das, was wir nicht wissen und nicht beweisen können, deshalb auch nicht existiert. Warum sollte es eigentlich nicht auch noch eine ganz andere Welt geben, die wir – klein und begrenzt, wie wir aus kosmischer Sicht sind – (noch) nicht wahrnehmen können? Als Beispiel kann man sich einen Maulwurf vorstellen, der die Welt über der Erde nicht sieht – aber deshalb gibt es diese Welt trotzdem. Diese Arroganz (nämlich die Annahme, dass nur das existiert, was wir wahrnehmen können) muss erst überwunden werden, bevor wir eine Verbindung zu den Geisteswissenschaften herstellen können.

Das dreigliedrige Menschenbild

Die Geisteswissenschaften betrachten den Menschen in einer Zeit, die hauptsächlich von der Materie beherrscht wird, auf andere Weise als üblich. Damit meine ich, dass in unserer Zeit viele glauben, dass nur das existiert, was wahrnehmbar, sichtbar und nachweisbar ist – die Materie. Alles andere wird als Illusion abgetan. Die Geisteswissenschaften denken darüber ganz anders und schließen sich einem uralten Menschenbild an, das besagt, dass der Mensch aus *Körper, Geist* und *Seele* besteht.

Schon in vorchristlicher Zeit war dieses Menschenbild in den verschiedenen Mysterientraditionen bekannt. Man kann diese Dreigliedrigkeit quer durch die ganze Menschheitsgeschichte hindurch in den verschiedensten Formen wiederfinden. Unsere Zeit ist eigentlich die erste, die dieses Menschenbild auf ein »einfaches« Bild reduziert hat und sagt, dass der Mensch im Grunde nur aus einem physischen Körper besteht. Wenn das stimmt, würde das bedeuten, dass tot auch wirklich tot ist und nach dem Tod nichts mehr vom Menschen übrig bleibt – und genau das denken immer mehr Menschen in unserer heutigen Zeit.

Der physische Leib und der Ätherleib

Rudolf Steiner hat das uralte dreigliedrige Menschenbild überarbeitet und es uns auf eine neue Art und Weise präsentiert, so dass wir diese Dreigliederung nun auch mit unserem Denken verstehen können. Bei Rudolf Steiner zerfällt das, was in den alten Traditionen einfach als »der Körper« bezeichnet wurde, in zwei Teile: *In den physischen Körper und den Ätherleib.* Um den Unterschied zwischen den beiden zu verstehen, müssen wir uns den Unterschied zwischen einem toten Körper und einem schlafenden Körper vor Augen führen. Jedem ist klar, dass zwischen beiden ein großer Unterschied besteht: Der tote Körper ist tot, der schlafende Körper lebt. Aber worin genau besteht der Unterschied? Er besteht in den Lebenskräften, die den schlafenden Körper am Leben erhalten, den toten Körper jedoch (beim Sterben) über das Kronen-Chakra verlassen haben.[48] Diese Lebenskräfte durchdringen alle Organe und schenken dem ganzen Körper Leben und Wärme. Sie bilden einen unsichtbaren geistigen Körper, der in etwa mit dem physischen Leib deckungsgleich ist und »Ätherleib« genannt wird. Stirbt ein Mensch jedoch, verlassen diese Lebenskräfte (oder der Ätherleib) den physischen Leib durch das Kronen-Chakra. Infolgedessen kommt es zum Tod, und der Körper wird kalt.

Der Astralleib

Neben dem physischen Leib und dem Ätherleib – die zusammen folglich den (lebendigen) Körper des Menschen bilden – wird die Seele traditionell als der zweite Teil oder das zweite Glied des Menschen bezeichnet. In der Seele sitzen Seelenkräfte, die auch Astralkräfte oder Sternenkräfte genannt werden. Das lateinische Wort »astra« bedeutet »Stern«. Diese astralen Kräfte verbinden die Welt der Materie (und damit den physischen Körper) mit der Welt des Geistes (und damit mit dem Geist in uns).

Mit anderen Worten: Man könnte unsere Seele (dank der in ihr wirkenden Astralkräfte) als die Brücke bezeichnen, die den physischen Körper – oder die Materie – mit dem Geist und damit mit der geistigen Welt verbindet. Wir können die Astralkräfte wahrnehmen, wenn wir den Unterschied zwischen einem schlafenden und einem wachen Menschen analysieren. Ein wacher Mensch bewegt sich, ist aktiv und bei Bewusstsein, während ein schlafender Mensch sich hingegen kaum bewegt und nicht bei Bewusstsein ist, solange er schläft. Erst wenn er aufwacht, kehrt sein Bewusstsein zurück. Dieses Beispiel macht deutlich, dass unser Astralleib (oder unsere Seele) uns folglich Bewusstsein schenkt und uns aktiv macht.

Genau wie die Ätherkräfte oder Lebenskräfte durchdringen die Astral- oder Seelenkräfte ebenso unseren gesamten Körper und alle Organe und nehmen dabei die Form unseres physischen Körpers an. Auf diese Weise bilden sie unseren *Astralleib.* Dieser Körper ist jedoch etwas größer als unser physischer Leib: Er durchdringt unseren physischen Leib und unseren Ätherleib und scheint sie beide zu umhüllen, denn er ist größer und breiter als beide und ragt daher über sie hinaus. Oft wird der Astralleib mit seinen Farben als unsere *Aura* wahrgenommen.

Der Geist oder das Ich

In diesen drei Körpern – dem physischen Leib, dem Ätherleib und dem Astralleib – lebt und wirkt der dritte Teil oder das dritte Glied unseres menschlichen Wesens – der Geist. Er wird auch unser »höheres Ich« genannt. Der Geist oder das höhere Ich (manchmal auch als »unser höheres Selbst« bezeichnet) wirkt – wenn man ihm die Chance dazu gibt – auf unser niederes Selbst, das wir vor allem unter dem Begriff Ego kennen.

Der Geist ist der verborgenste Teil des Menschen und lebt noch immer weitgehend außerhalb des Menschen, im Kosmos. Schließlich hat sich der Mensch noch nicht ausreichend entwickelt, um diesen höheren Teil in sich aufnehmen zu können. Wir entdecken die Kraft des Geistes, wenn wir zum Beispiel darüber nachdenken, dass ein Mensch alle erdenklichen Gefühle hat, die zu seinen Astralkräften gehören. Er hat diese Gefühle, aber er ist nicht damit identisch. Es gibt eine Kraft in ihm – die Kraft des Geistes – die es ihm ermöglicht, sich nicht von seinen Gefühlen mitreißen zu lassen, sondern sie zu kontrollieren und über ihnen zu stehen. Diese Fähigkeit entspringt der Kraft des Geistes.

Die Kreativität eines Menschen ist ebenfalls eng mit dem Geist verbunden. Außerdem stammt auch die Kraft, mit der ein Mensch an sich arbeitet und zur Selbsterkenntnis kommt, aus der Kraft des Geistes. Darüber hinaus entspringt die Fähigkeit, Eigenverantwortung zu übernehmen und zu tragen, ebenso der Kraft des Geistes. Dies macht deutlich, dass unser Geist auch wirklich das höchste Glied unseres menschlichen Organismus ist.

Über unseren physischen Körper sind wir mit der Erde verbunden – mit der Welt der Materie. Über unsere Seele sind wir mit der Astralwelt verbunden. Doch über unseren Geist sind wir mit der geistigen Welt, oder der Welt der Ewigkeit, verbunden. Deshalb sagt Willem Veltman: »Durch seinen Geist ist der Mensch imstande, die Unvergänglichkeit der Dinge kennen zu lernen.«[49] In dieser Welt – der Welt der Ewigkeit und damit des Geistes – leben unsere verstorbenen Angehörigen. Das bedeutet, dass wir über unseren Geist mit unseren verstorbenen Angehörigen verbunden sind. Aber dann müssen wir uns dieser höheren Kraft des Geistes auch bewusst werden und sie in uns selbst zur Entfaltung bringen.

Ein Blick in die Geschichte

Wie hat sich der Mensch im Laufe der Geschichte eigentlich mit dem Thema der Dreigliedrigkeit des Menschen auseinandergesetzt? Ein Blick in die Geschichte holt faszinierende Fakten ans Licht. Zunächst einmal sehen wir, dass im Grunde alle Kulturen (bis zum heutigen Tag) immer von der Dreigliedrigkeit des Menschen ausgegangen sind – auch das Christentum. So schreibt Paulus in der Bibel in sehr lakonischer Weise: »(…) und als ein Ganzes mögen euer Geist, eure Seele und euer Leib unangetastet bleiben bis zur Wiederkehr unseres Herrn Jesus Christus.«[50]

Wir können an dieser Aussage von Paulus ablesen, wie selbstverständlich für ihn (und seine Zeitgenossen) die Dreigliedrigkeit des Menschen war. Außerdem war ihm der Unterschied zwischen Seele und Geist ebenfalls vollkommen klar – eine Klarheit, die viele Menschen in unserer heutigen Zeit verloren haben. In späteren Jahrhunderten, als die Mysterienschulen (z.B. die Schulen in Delphi oder Ephesus und andere), die vielen Tempel in allen erdenklichen Ländern sowie andere Zentren höheren Wissens – man denke an die Pyramiden – geschlossen wurden und aufhörten zu existieren, gab es am Ende keinen einzigen Menschen mehr, der Einblick in den tieferen Hintergrund der Dreigliedrigkeit des Menschen geben konnte. Schließlich wurde dieses Wissen den Menschen von den Eingeweihten geschenkt, das diese ihrerseits wiederum in den Initiationsschulen erhielten.

Die Kirchenväter hatten, wie auch die Priester, keinerlei Kenntnisse über die Dreigliedrigkeit des Menschen. Sie waren keine Eingeweihten, sondern stammten – wie die Jünger Jesu – aus einfachen Verhältnissen. So ging mit der Schließung der Mysterienschulen das jahrhundertealte Wissen um die Dreigliedrigkeit des Menschen verloren, und das menschliche Wesen wurde mehr und mehr zu einem Rätsel. In der Folge begannen Theologen und andere Gelehrte sich zu fragen: »Was ist denn nun eigentlich der Unterschied zwischen Seele und Geist? Und gibt es wirklich einen Unterschied zwischen den beiden?«

Das Konzil von Konstantinopel im Jahre 869

Als Folge dieser Entwicklung, also des schwindenden höheren Wissens der Eingeweihten und der Fragen der Theologen, konnte es geschehen, dass im neunten Jahrhundert ein besonderes Ereignis stattfand, das weitreichende Folgen haben sollte. Das Ereignis, das ich meine, war das achte Konzil von Konstantinopel, das im Jahre 869 stattfand. Bei dieser kirchlichen Zusammenkunft waren sich die anwesenden Geistlichen (Bischöfe, Kardinäle, Erzbischöfe, der Papst und die Oberhäupter der verschiedenen Mönchsorden) einig, dass der Mensch nur ein zweigliedriges Wesen sei und lediglich aus einer Seele und einem Körper bestehe. Das bedeutet, dass der Geist abgeschafft wurde. Aber – und das ist wichtig – mit der Abschaffung des Geistes verschwand auch das Wissen um den göttlichen Ursprung des Menschen. Schließlich ist es, wie wir oben gesehen haben, der Geist, der uns mit der geistigen Welt verbindet. Das Dekret dieses Konzils von Konstantinopel zeigt, in welchem Maße das alte esoterische Wissen bereits im neunten Jahrhundert verloren gegangen war.

Doch die Entwicklung, die angestoßen worden war, verselbstständigte sich; denn in späteren Jahrhunderten, als sich der Mensch mehr und mehr auf die Welt der Materie konzentrierte (was eine große Entwicklung von Technik, Wissen und Wissenschaft ermöglichte), begannen sich immer mehr Menschen zu fragen, was die Seele denn eigentlich sei. »Hat der Mensch eine Seele?«, lautete damals die Frage, die immer öfter gestellt wurde. Diese Entwicklung bewog schließlich den Philosophen Nietzsche (er starb im Jahr 1900) zu der Aussage, dass ›Seele‹ lediglich die Bezeichnung für einen vernachlässigbaren Teil des Menschen ist: »›Seele‹ ist nur ein Wort für ein Etwas am Leibe.«[51] So wurde im 19. und 20. Jahrhundert die ursprüngliche Dreigliedrigkeit des Menschen auf die klägliche Erkenntnis reduziert, dass der Mensch nur aus einem Körper besteht. Damit ist es auch nur zu verständlich, dass für immer mehr Menschen der Tod wirklich endgültig ist und sie nicht mehr an Engel sowie an die Existenz einer geistigen Welt glauben.

Der Anbruch einer neuen Ära

Rudolf Steiner hat deutlich gemacht, dass wir seit 1899 in einer neuen Ära leben: In jenem Jahr endete nämlich die alte Ära, die »Kali-Yuga« oder auch »Eisernes Zeitalter« genannt wird. Diese Ära dauerte etwa 5.000 Jahre (und begann somit um 3.100 v. Chr.). Charakteristisch für diese Epoche war die Tatsache, dass die Verbindung des Menschen mit der geistigen Welt allmählich verloren ging. Der Vorhang, der die irdische Welt von der geistigen Welt trennt, schloss sich nach und nach. In der Antike waren die Eingeweihten noch die letzten, die dank aller Arten von geistigen Übungen zu hellseherischen Erfahrungen mit der geistigen Welt imstande waren. Im Laufe der Zeit ging auch diese Möglichkeit verloren. Wir haben bereits gesehen, dass in den ersten Jahrhunderten nach Christus die Mysterienschulen geschlossen wurden, ebenso wie all die anderen heiligen Zentren, in welchen die Eingeweihten noch in direktem Kontakt mit der geistigen Welt standen. So schloss sich der Vorhang. Doch ab 1899 brach eine neue Ära an, in der der Mensch ganz allmählich wieder eine neue Verbindung mit der geistigen Welt gewinnen sollte.

Wenn wir nun zurückblicken, können wir erkennen, wie sehr sich dies bereits bemerkbar macht. Der Mensch sammelt immer mehr Erfahrungen, die zeigen, dass sich der Vorhang wieder nach und nach einen Spalt breit öffnet. Am bekanntesten sind in diesem Zusammenhang die Nahtod-Erlebnisse (oder, wie sie heute üblicherweise genannt werden: NTE, Nahtod-Erfahrungen). Vor allem Raymond Moody hat (inspiriert durch Elisabeth Kübler-Ross) eine Reihe von Büchern zu diesem Thema veröffentlicht, die auch heute noch weltweit Beachtung finden.[52] Erfahrungen wie diese zeigen, wie die Menschheit beginnt, sich wieder mit der geistigen Welt zu verbinden.

Aber auch die Begegnung mit einem Engel, von der so viele sprechen, die vielen Christus-Erscheinungen oder der Kontakt mit einem geliebten Verstorbenen, der immer mehr Menschen widerfährt – sie alle sind Erfahrungen, die davon zeugen, dass sich der Vorhang ganz allmählich wieder öffnet.[53]

Eine weitere besondere Erfahrung, von der uns immer mehr Menschen berichten, ist darüber hinaus das Öffnen des Vorhangs – die Tatsache, dass sie nach dem Tod eines geliebten Menschen (des Partners, einer Freundin, eines Freundes) in den ersten Tagen nach dessen Tod keine Trauer empfinden, sondern vielmehr ein Gefühl der Euphorie. Diese Erfahrung macht deutlich, dass wir in unserer heutigen Zeit etwas von dem miterleben können, was der Verstorbene in den ersten Tagen in der geistigen Welt erlebt. Es ist nämlich seine intensive Freude, die der Hinterbliebene als Euphorie mit ihm teilt. Kurzum: Der Vorhang öffnet sich langsam, und diese Entwicklung ist ein deutlicher Hinweis dafür, dass eine neue Ära angebrochen ist.

Es ist ein neues Paradigma nötig

Bemerkenswerterweise wenden wir in der neuen Ära, die seit 1899 angebrochen ist, immer noch die Denkmuster oder Theorien – gewöhnlich Paradigmen genannt – der Ära an, die seit 1899 vergangen ist. Die Paradigmen des Kali-Yuga, nämlich Denkmuster oder Paradigmen wie: »Tot ist tot; Engel gibt es nicht und eine geistige Welt schon gar nicht.« Für die neue Ära, die 1899 begann, brauchen wir jedoch neue Modelle und andere Theorien, um die Erfahrungen verstehen zu können, die uns in dieser neuen Ära widerfahren. Mit anderen Worten: Wir brauchen Paradigmen, die deutlich machen, wie es möglich ist, dass wir nach dem Tod eines geliebten Menschen so etwas wie Euphorie erleben können. Wie es kommt, dass seit einigen Jahrzehnten immer öfter über Nahtod-Erfahrungen gesprochen wird. Warum immer mehr Menschen heutzutage Karma und Reinkarnation für selbstverständlich halten; oder wie es möglich ist, dass immer mehr Menschen eine Erfahrung mit Christus machen.

Um all diese neuen Entwicklungen verstehen zu können und sie nicht einfach als Unsinn abzutun (und damit die tiefgreifenden Erfahrungen vieler Menschen ebenfalls als Unsinn abzulehnen), brauchen wir ein neues Denkmodell, ein neues Paradigma. Eines dieser so wichtigen neuen Denkmuster ist der Einblick, den uns Rudolf Steiner in das Wissen um die Drei- oder Viergliedrigkeit des Menschen gewährt hat – dass der Mensch nämlich »aus einem physischen Körper, einem Ätherleib, einem Astralleib und dem Geist« besteht.[54] (Wie wir gesehen haben, handelt es sich hierbei um ein uraltes Denkmodell, das Rudolf Steiner uns auf eine neue, dem Denken des zeitgenössischen Menschen angepasste Weise vermittelt hat.)

Mit diesem Wissen um die Drei- bzw. Viergliedrigkeit des Menschen hängt natürlich eine weitere Erkenntnis eng zusammen – und zwar die Erkenntnis, dass auch der Kosmos als drei- bzw. viergliedriges Wesen betrachtet werden kann. Schließlich besteht der Kosmos aus:

- *Einer materiellen Welt* (nämlich der Erde und den Planeten),
- *einer feinstofflichen Welt*, die wie eine Hülle um die Erde liegt,
- *einer astralen Welt* (auch die »Seelenwelt« genannt, die in der katholischen Tradition als »Fegefeuer« bezeichnet wird),
- und *einer geistigen Welt* oder dem »Devachan« (wie die geistige Welt in der Esoterik traditionell genannt wird).

Es ist sehr bemerkenswert, dass Rudolf Steiner bereits um 1900 imstande war zu erkennen, dass 1899 eine alte Ära zu Ende gegangen war und eine neue Ära begonnen hatte. Es ist auch außergewöhnlich, dass er uns sagen konnte, was das Kernziel dieser neuen Ära sein würde – nämlich die Öffnung des Vorhangs. Aber das vielleicht Außergewöhnlichste ist, dass er uns die Paradigmen vermittelt hat, die es uns ermöglichen sollen zu verstehen, was in dieser neuen Ära denn nun tatsächlich geschieht. Zeylmans van Emmichoven schreibt, dass Rudolf Steiner uns »die Geburt eines neuen Menschenbildes« beschert hat.[55]

Von den neuen Paradigmen, die er uns vermittelt hat, ist das Verständnis der Drei- bzw. Viergliedrigkeit des Menschen und des Kosmos erst der Anfang. Es gibt viel mehr solcher neuer Denkmodelle. Man denke beispielsweise nur an das Wissen um Karma und Reinkarnation. Wer sich mit Rudolf Steiners Werk vertraut machen will, muss sich zunächst einmal mit diesen verschiedenen Paradigmen befassen.

7.

Das Wissen um Karma und Reinkarnation

Ein neues Paradigma entsteht

Zu den Paradigmen der neuen Ära, die 1899 begonnen hat und sich nun ganz allmählich abzuzeichnen beginnt, gehört auch das Wissen um Karma und Reinkarnation. Immer mehr Menschen (und es werden stetig mehr) haben ein gutes Gefühl mit diesem Wissen und gehen davon aus, dass sie schon viele Male auf der Erde waren und nach ihrem Tod immer wieder regelmäßig hierher zurückkommen werden. Besonders in den 60er Jahren des letzten Jahrhunderts erhielt der Reinkarnationsgedanke einen starken Impuls. Es war eine Zeit, in der Autoritäten wie der Pfarrer und der Priester, der Schullehrer und der Anwalt ihre altbewährte, selbstverständliche Autorität verloren. Dieser so außerordentliche Impuls aus der geistigen Welt, der all diese Veränderungen bewirkte, führte auch dazu, dass sich immer mehr Menschen für die Vorstellung erwärmten, dass der Mensch nicht nur ein Leben hat.

Viele glauben, dass die Vorstellung, dass wir mehrere Leben haben, aus der östlichen Tradition stammt, wo Hinduismus und Buddhismus großen Einfluss gewonnen haben. Doch das ist nicht richtig. Wenn wir zurückblicken, erkennen wir, dass bereits im 18. Jahrhundert in der westlichen Kultur – vor allem im deutschen Idealismus – die These von mehreren Leben aufkam. Aber die Art und Weise, wie dies geschah, war anders als die Art und Weise, in der die Menschen im Osten mit diesen Erkenntnissen umgingen. Friedrich der Große, König von Preußen, soll kurz vor seinem Tod 1786 gesagt haben: »Ich habe jetzt das Gefühl, dass sich mein irdisches Leben bald zu Ende neigen wird. Ich bin jedoch überzeugt davon, dass nichts in der Natur zerstört werden kann. Deshalb bin ich mir sicher, dass der edlere Teil in mir nicht aufhören wird zu leben. Ich werde in einem zukünftigen Leben zwar kein König sein. Doch das ist umso besser – ich werde trotzdem ein nützliches Leben führen, in dem ich zudem weniger Undank ernten werde.«[56]

Ein Gespräch in einem Café in Budapest

Der Dichter und Schriftsteller Novalis – er starb im Jahr 1801 und war eine Reinkarnation des großen Malers Raffael – schrieb: »Wer hier die Vollkommenheit nicht erreicht, kann sie vielleicht im Jenseits erreichen oder muss den irdischen Lebensweg erneut gehen. Könnte es nicht auch dort drüben einen Tod geben, dessen Folge die Geburt auf Erden wäre?«[57] Wie diese Aussage zeigt, liegt ihm der Gedanke an mehrere Leben im Rahmen eines allmählichen Wachstums zur Vollkommenheit nahe. Diese Theorie der persönlichen Weiterentwicklung fehlt in der östlichen Reinkarnationslehre: Dort wird die wiederholte Rückkehr zur Erde als unausweichliches Schicksal und fortwährendes Leiden betrachtet.

Darüber hinaus ist die auffällige Parallele, die Novalis zwischen Geburt und Tod zieht, fesselnd und aufschlussreich. Er suggeriert, dass unsere Geburt bedeutet, dass wir zuerst in der geistigen Welt sterben, bevor wir auf der Erde geboren werden – und dass unser Tod auf Erden zugleich auch eine Geburt in der geistigen Welt ist. Somit sind Tod und Geburt im Grunde identisch.

Selbst große Denker wie Goethe, Lessing und Hegel oder Dichter wie Rilke waren mit dem Reinkarnationsgedanken vertraut. Es ist daher auch verständlich, dass in Rudolf Steiners jungen Jahren – in der zweiten Hälfte des 19. Jahrhunderts – der Gedanke an vergangene Leben sowohl in Studentenkreisen als auch in den Zirkeln von Schriftstellern, Dichtern und Künstlern ein beliebtes Thema war. So erzählte uns Rudolf Steiner zum Beispiel, dass er einmal mit mehreren Personen in einem Café in Budapest saß. Man kam schon bald wie selbstverständlich auf das Thema der Reinkarnation zu sprechen. Einer der Anwesenden behauptete, in einem früheren Leben Joseph II. (der ehemalige Kaiser von Österreich) gewesen zu sein, ein weiterer sah sich als die Reinkarnation des Preußenkönigs Friedrich des Großen, während eine Dritte behauptete, in einem früheren Leben Madame de Pompadour, die Mätresse des französischen Königs Ludwig XV., gewesen zu sein. Offenbar übertrumpften sie sich gegenseitig mit ihren Geschichten, denn ein anderer sah sich als Reinkarnation des römischen Philosophen Seneca, während wieder ein anderer behauptete, in einem früheren Leben Marie-Antoinette gewesen zu sein, die Frau des auf dem Schafott gestorbenen französischen Königs Ludwig XVI.

Für Rudolf Steiner war klar: Wer so denkt, hat das Wissen um Karma und Reinkarnation missverstanden. Dies ist ein sinnloses, oberflächliches Spiel und schadet diesem Wissen mehr als es nützt. Gleichzeitig erkannte er aber auch, wie wichtig diese Erkenntnisse für die Zukunft der Menschheit sind. Und so stand er vor der Frage: »Wie sollen wir mit diesem Wissen umgehen?«

Die Notwendigkeit der Loslösung

Im Hinduismus wird die Reinkarnation als die Konsequenz infolge eines Fehlverhaltens angesehen: Unwissenheit und die daraus resultierenden unmoralischen Handlungen machen eine Rückkehr des Menschen auf die Erde zur Wiedergutmachung erforderlich. Mit anderen Worten: Die Wiedergeburt ist notwendig, weil sich der Mensch zu sehr mit der irdischen Welt identifiziert hat. Erst wenn er sich von der Macht, die die irdische Welt über ihn hat, völlig befreit und sich davon losgelöst hat, muss er nicht mehr zur Erde zurückkehren. Aber es bedarf eines langen, langen Weges mit unzähligen Inkarnationen, bis der Mensch ein solches Niveau erreicht und das Rad der Wiedergeburt keine Macht mehr über ihn hat.

Auch Buddha betrachtet die tiefe Sehnsucht des Menschen nach irdischer Existenz als Ursache für unsere ständige Rückkehr zur Erde. Für Buddha ist diese Sehnsucht (oder der »Durst« nach irdischer Existenz, wie er es nennt) die Ursache für die vielen Leiden des Menschen. Erst wenn der Mensch aufgibt und diesen Durst (die Sehnsucht nach irdischen Genüssen) überwindet, kommt das Rad der Wiedergeburt zum Stillstand, und er kann endlich das Nirvana erreichen. Nirvana – was wörtlich »ausgeblasen« oder »ausgelöscht« bedeutet – ist der höchste Zustand der Heiligkeit, den ein Mensch erreichen kann. Das bedeutet, dass sein Durst oder sein Verlangen nach der Erde gelöscht ist und keine Macht mehr über ihn hat.[58]

Ost und West

Man muss wissen, dass die Loslösung, von der im Osten die Rede ist, in Wirklichkeit bedeutet, dass der Mensch lernt, sein Ich (wir würden sagen, sein Ego) aufzugeben. Erst dann kann er in die Einheit der geistigen Welt zurückkehren. Aber das ist etwas, was für den modernen – und vor allem für den westlichen – Menschen eigentlich unmöglich ist. Infolge der Entwicklungen im Westen sind wir stark in unserem Selbst – oder unserem Ego – verwurzelt. Wir sind bei vielem, was wir erleben, in unserem Ego.

Es ist daher auch nachvollziehbar, dass das Selbst des Menschen in der westlichen Esoterik – und insbesondere bei Rudolf Steiner – als sein Lehrmaterial angesehen wird: Wir werden kontinuierlich und mit großer Hingabe an der Reinigung und Entwicklung unseres Selbst oder Ichs arbeiten müssen, damit das höhere Selbst des Menschen (oder sein Geist, sein höheres Selbst) sich damit verbinden und im Menschen aktiv werden kann.

Im Osten geht es also darum, über uns selbst zu siegen und unser Ego aufzugeben/loszulassen, um dann wieder eins zu werden mit den heiligen Kräften der geistigen Welt. Im Westen geht es darum, unser Ich so zu entfalten und weiterzuentwickeln, dass unser höheres Selbst (auch Christus-Geist genannt) in uns geboren werden kann. Dabei bildet unser niederes Selbst oder Ego die Grundlage, auf der sich das höhere Selbst entfalten kann.

Man könnte sagen, dass die östliche Sichtweise auf die Vergangenheit zurückblickt, als der Mensch noch ein reines, göttliches Wesen war. Daher sucht er nach einem Weg, um diese ursprüngliche Göttlichkeit wiederzufinden. Die westliche Betrachtungsweise hingegen ist zukunftsorientiert und konzentriert sich auf den Weg des spirituellen Wachstums, auf dem sich der Mensch – durch viele Krisen hindurch – Schritt für Schritt zu einem selbstbewussten, strahlenden, göttlichen Wesen entwickeln kann. (Buddha hat diesen Weg des spirituellen Wachstums bereits durch den »Achtfachen Pfad« vorbereitet, den er der Menschheit vorgestellt hat und der ein schrittweiser Entwicklungspfad ist).

Die Ankunft Christi als großer Wendepunkt

Es ist faszinierend, sich daran zu erinnern, dass das Kommen des Christus auf die Erde den großen Wendepunkt darstellt, wobei die alte östliche in die neue westliche Sichtweise übergeht. Schließlich brachte uns der Christus den Impuls unseres höheren Selbst.

Daher war es dem Menschen vor seiner Ankunft auf der Erde nur möglich, sich von seinem Selbst zu lösen und in den Schoß des großen Ganzen zurückzukehren. Die östliche Vision war daher zu jener Zeit eine sinnvolle Vision, weil sie in die damalige Entwicklungsphase des Menschen passte. Aber nachdem Christus auf die Erde gekommen war, hat sich die neue Möglichkeit ergeben, unser Selbst so zu entwickeln, dass es zum Sitz des Geistes (oder des höheren Ichs, des Selbst oder des höheren Selbst des Menschen) werden konnte. Aus diesem Grund wird das höhere Selbst auch der »Christus-Geist« genannt. Wenn wir lernen, die Dinge aus dieser Perspektive zu betrachten, richtet sich unsere Aufmerksamkeit auf das Wachstum und die Entwicklung der Menschheit. Daher kann man nicht sagen, dass Hinduismus oder Buddhismus falsch wären und das Christentum richtig. Die verschiedenen Religionen spiegeln die verschiedenen Stufen des spirituellen Wachstums wider, die die Menschheit in ihrer Entwicklung durchläuft. Gerade dieses Prinzip des Wachstums und der Entwicklung ist es, auf das Rudolf Steiner in seinem Werk immer wieder zurückkommt. Genau dieses Prinzip liegt auch dem Wissen um unser Karma oder unser karmisches Bewusstsein zugrunde. Leben für Leben wird es uns erlaubt sein, neue, weitere Schritte auf dem Weg unseres spirituellen Wachstums und unserer Menschwerdung zu unternehmen.

Wie Rudolf Steiner mit Karma und Reinkarnation umgeht

Für Rudolf Steiner war das Wissen um das Karma wesentlich und äußerst wichtig. Aus diesem Grund versuchte er bereits 1902, zu Beginn seiner Laufbahn als Esoterik-Lehrer, in seinen Vorträgen die verschiedenen Aspekte dieses Themas zu beleuchten. Damit stieß er bei seinen Zuhörern jedoch auf erheblichen Widerstand – sie waren noch nicht imstande, sich selbst kritisch zu betrachten. Dies war jedoch eine notwendige Voraussetzung für die praktischen Karma-Übungen, die Rudolf Steiner ihnen vermitteln wollte.[59] Deshalb beschränkte sich Rudolf Steiner damals und sagte längst nicht alles, was er eigentlich zu diesem Thema hätte sagen wollen.

Doch am Ende seines Lebens, im Jahr 1924, kurz bevor er krank wurde und ein halbes Jahr später verstarb, hielt er eine beeindruckende Flut von Vorträgen über Karma. In diesen Vorträgen gab er uns einen tiefen Einblick in die Gesetzmäßigkeiten des Karmas. Die Vorträge wurden in den Niederlanden in der Reihe »Karma-Forschung« veröffentlicht.[60]

Aber weshalb ist das karmische Bewusstsein für Rudolf Steiner so wichtig? Vielleicht darf ich es sehr prägnant wie folgt zusammenfassen (es sind nämlich bereits jede Menge Bücher zu diesem Thema geschrieben worden): »Wenn wir die karmischen Gesetze kennen, sind wir in der Lage, die Verantwortung für unser eigenes Leben selbst zu übernehmen und diese nicht anderen – sprich Gott – zu überlassen.« Solange wir in den Begriffen des einen Lebens denken, bleibt es völlig unverständlich, warum der eine ein langes, reiches und glückliches Leben bekommt und der andere ein liebloses, behindertes und kurzes Leben. Diese scheinbare Ungerechtigkeit wirft natürlich die Frage auf: »Warum tust du, Gott, uns das an? Was soll diese Willkür?« Der Mensch fühlt sich wie eine Marionette in Gottes Hand. Wo das tiefe, selbstverständliche Vertrauen in Gott schwindet, wie es heutzutage zunehmend der Fall ist, scheint die einzig vernünftige Antwort auf alle diese Fragen darin zu bestehen, dafür zu sorgen, dass man zumindest in diesem einen Leben so viel wie möglich an sich raffen kann.

Unsere Lebenslektionen

Wenn wir aber in den Kategorien von Reinkarnation und Karma denken, wird deutlich, dass wir es in diesem Leben mit Lebenslektionen zu tun haben, die wir in einem früheren Leben nicht oder nicht ausreichend gelernt haben. Dann können unsere Lebenslektionen, so schwierig sie auch sein mögen, letztendlich zu einem Geschenk werden, das es uns ermöglicht, neue Fähigkeiten zu entwickeln und neue Einsichten zu gewinnen.

Das Wissen um Karma und Reinkarnation lehrt uns, nicht mehr Gott zu fragen: »Warum muss ausgerechnet mir das passieren?«, sondern uns bewusst zu machen, dass wir uns irgendwie selbst für unser Schicksal entschieden haben – und damit auch für diese Lebenslektionen. Das Wissen um das Karma lehrt uns, von dem Gedanken auszugehen: » Ach, *deshalb* musste es mir also passieren«, statt bei der Frage nach dem »Warum?« stecken zu bleiben.
Natürlich wird es in vielen Fällen Jahre eines tiefen inneren Kampfes erfordern, bis wir eine solche Antwort finden. Deshalb können viele oft erst Jahre später sagen: »Jetzt, da ich zurückblicke, beginne ich erst zu erkennen, was ich aus diesen schmerzlichen Erfahrungen gelernt habe und warum ich sie offensichtlich gebraucht habe.« Wenn man dann auch noch bedenkt, dass wir aus den schmerzlichen Lebenserfahrungen mehr lernen als aus den heiteren, glücklichen Erfahrungen, wird es schon ein wenig verständlicher, warum uns manchmal solche schmerzlichen Ereignisse widerfahren.

Die Karma-Übungen, die uns Rudolf Steiner 1924 gegeben hat, sollen uns daher auch dabei helfen, eine Antwort zu finden, die es uns ermöglicht zu sagen: »Ach – deshalb musste es mir passieren …«

Es dürfte nun klar sein, dass uns das Wissen um Karma und Reinkarnation Freiheit schenkt – wir beginnen dadurch zu erkennen, dass wir selbst für unser Leben verantwortlich sind. Wir werden auch erkennen, dass wir durch unsere Handlungen und Taten in diesem Leben unser nächstes Leben bestimmen. Wir sind keine Marionette, mit der Gott (oder irgendjemand anders) willkürlich spielt.

Diese Freiheit ist ein großes Geschenk und ein wesentliches Merkmal der neuen Kultur, die Rudolf Steiner uns erschließen will. Wenn wir selbst für unser Leben verantwortlich sind, müssen wir auch die Freiheit haben, unser Leben so zu gestalten, wie wir es für richtig halten. Deshalb trug auch eines der ersten Bücher, das Rudolf Steiner schrieb, den Titel: »Die Philosophie der Freiheit«.

Ein Beispiel

Eine Dame – sie war sechzig Jahre alt – stieß auf die Bücher von Rudolf Steiner. Sie begann zu lesen und sagte: »Es war, als ob ich endlich nach Hause zurückgekommen sei. Das war es, wonach ich mein ganzes Leben lang gesucht hatte.« Das ist eine aufschlussreiche Aussage, die ich schon sehr oft von Menschen gehört habe, die mit Rudolf Steiners Büchern in Berührung gekommen sind. Der Sohn dieser Dame hatte sich im Alter von sechsunddreißig Jahren das Leben genommen. In Rudolf Steiners Büchern fand sie im Laufe der Zeit eine Antwort nach der anderen auf die vielen Fragen, die der Tod ihres Sohnes in ihrer Seele aufgeworfen hatte – und zwar, indem sie seine Bücher konsequent studierte.

Zusammen mit anderen Menschen las sie das Buch »Die Philosophie der Freiheit«. Sie sagt dazu: »Dieses Buch erklärt deutlich, was wahre Freiheit und wahre Moral sind. Schritt für Schritt zeigt es, dass wahre Freiheit nur möglich ist, wenn wir unsere moralischen Werte entwickeln. Ich habe gelernt, dass meine Handlungen nur dann frei und wahrhaftig sind, wenn ich aus freien Stücken in Liebe selbst handle. (…) Ich begann zu spüren, was für eine großartige Verantwortung …och bedeutet, diese Möglichkeit der Freiheit als Mensch erhalten zu haben, wie unfrei ich gewesen war, als ich noch süchtig nach Alkohol, Tabak, Kaffee und der Anerkennung anderer war, dem ich mich nicht entziehen konnte (...). Andererseits hat die Freiheit auch etwas Beängstigendes. Es gibt keine Autorität mehr, die uns den Weg weisen oder der wir die Schuld für unsere Probleme zuschieben können.«[61] Die Dame begann, ihrem verstorbenen Sohn das besagte Buch vorzulesen – sie spürte innerlich, dass er sie inständig darum gebeten hatte. Beim Vorlesen fiel ihr auf, wie sehr er genau diese Erkenntnisse brauchte, um sich in der geistigen Welt weiterentwickeln zu können und nicht innerlich stecken zu bleiben.

Was hat dieses Beispiel mit dem Thema dieses Kapitels zu tun – also mit Karma und Reinkarnation? Das Karma-Wissen, das Rudolf Steiner uns vermittelt, ist ein Wissen, das uns befreit. Wir sind nicht (mehr) eine Marionette der Götter – sie haben die Verantwortung für unser Leben in unsere eigenen Hände gelegt.

Um uns dieser Freiheit bewusst zu werden und uns zu lehren, uns weiterzuentwickeln, schenken sie uns diese neuen Einblicke in die Gesetze von Karma und Reinkarnation. Es war Rudolf Steiner, der diese Gesetze so an uns weitergeben durfte, dass auch wir als moderne Menschen sie mit unserem Verstand erfassen können; denn für den Menschen von heute ist es entscheidend, dass er derartige Einsichten verstehen kann und sie nicht nur glauben muss.

Auch das ursprüngliche esoterische Christentum kannte Karma und Reinkarnation. Aber zu jener Zeit (in den ersten Jahrhunderten nach der Ankunft Christi) gehörte es zu dem Wissen, das nur die Eingeweihten besaßen. Deshalb finden wir dieses Wissen zwar in der Bibel, jedoch nur in verschlüsselter Form, für diejenigen, »die Ohren haben zu hören«. Mit anderen Worten: Nur die Eingeweihten verstanden, was hiermit gemeint war, die anderen lasen einfach darüber hinweg.

Denken Sie zum Beispiel an Johannes den Täufer, von dem Jesus sagt: »Er ist Elias, der kommen wird. Wer Ohren hat, der höre!«[62] Hier steht es ganz klar und deutlich: Johannes der Täufer ist der wiedergekehrte Elias oder die Reinkarnation von Elias. Aber die Kirchenbücher lehnen diesen Gedanken bis heute ab und behaupten, dass hiermit gemeint sei, dass Johannes der Täufer im Geist von Elias lebt: Er ist also *wie* Elias. Auf diese Weise unterminieren sie dieses beiläufig angedeutete Wissen um die Reinkarnation (auch heute noch).

Christus, der Herr über das Karma

Beeindruckend ist auch folgende Erkenntnis, die uns Rudolf Steiner geschenkt hat, dass nämlich Christus in der heutigen Zeit der Herr über das Karma geworden ist und damit Moses abgelöst hat, der bislang der Herr über das Karma war. Der Herr über das Karma ist derjenige, der nach unserem Tod neben uns steht, wenn wir auf unser vergangenes Leben zurückblicken.[63]

In der Vergangenheit, als wir wie Kinder waren, die die Verantwortung für ihr eigenes Leben noch nicht tragen konnten und nur riefen: »Warum …?«, war Mose der Herr über das Karma. Er war es, der jedes Mal neben uns stand, nachdem wir durch das Tor des Todes gegangen waren und auf unser irdisches Leben zurückblickten. Dabei wies er uns auf alles hin, was in diesem gerade beendeten irdischen Leben richtig gewesen, aber auch auf das, was falsch gelaufen war. Nicht umsonst wird Moses immer mit dem Gesetzbuch in Händen dargestellt; und nicht umsonst war er derjenige, der die Zehn Gebote von Gott erhielt, um sie seinem Volk – Israel – mitzuteilen.

Aber jetzt, in der heutigen Zeit, ist es Christus, der bei diesem Rückblick nach dem Tod an der Seite jener Menschen steht, die in ihrem Leben den Übergang von einem Leben im Rahmen der Gesetze und

Vorschriften zu einem Leben im Gehorsam gegenüber dem, was ihr eigenes Gewissen ihnen sagt, vollzogen haben. Christus urteilt nicht, wie Moses es tat, sondern gibt dem Verstorbenen mit seiner Liebe die Kraft, selbst die Schlussfolgerungen zu ziehen und so zu erkennen, was in seinem irdischen Leben gut war und wo noch Verbesserungen möglich wären. Damit gibt er dem Verstorbenen einen Impuls an sein Gewissen, so dass dieser selbst zur Erkenntnis gelangen kann.

Wen wir direkt nach unserem Tod antreffen werden – Moses oder Christus – hängt davon ab, ob wir uns während unseres irdischen Lebens mit der Schwingung von Moses – und damit mit Gesetzen, Regeln und Vorschriften – oder mit der Schwingung Christi verbunden – und so versucht haben, im Leben unserem Gewissen zu folgen.

8.

Eine richtungsweisende Entscheidung

Ein erbitterter Kampf

In Kapitel 6 habe ich dargelegt, dass Rudolf Steiner uns wieder einen Einblick in die dreigliedrige Natur des Menschen geschenkt hat, so wie dies in der Bibel genannt wird, dass der Mensch nämlich aus Körper, Geist und Seele besteht. Ich fügte auch hinzu, dass wir unser Wissen um den Geist schon vor langer Zeit verloren haben, als die Konzilsväter im Jahre 869 postulierten, dass der Mensch zwar einen Körper und eine Seele, jedoch keinen Geist habe. Der Geist wurde also damals gestrichen. Ich habe anschließend aufgezeigt, wie in der heutigen Zeit auch die Seele ausgelöscht und der Mensch dadurch rein auf einen physischen Körper reduziert wird.

In den kommenden Jahrzehnten werden wir in Bezug auf diese Fragestellung einen drastischen Kampf erleben. Besteht der Mensch nur aus einem physischen Körper; und setzt der Tod demzufolge nicht nur dem physischen Körper des Menschen, sondern auch seinem Bewusstsein ein Ende? Mit anderen Worten: Hört mit dem Tod alles auf? Oder bedeutet der Tod den Übergang in höhere Sphären des Lebens – in die Sphären der Seele und des Geistes? Kann es folglich sein, dass der Mensch nach dem Tod einen Rundgang durch die Welt der Seele (= die Astralwelt) macht, um danach die Welt des Geistes (die Lichtwelt) oder das Devachan zu betreten?

Die wichtigsten Konsequenzen

Ich habe auch erklärt, wie Rudolf Steiner die biblische Dreigliedrigkeit zu einer Viergliedrigkeit erweitert und auf diese Weise verständlich gemacht hat. Der Mensch hat:

- *einen physischen Körper*
- *einen Ätherleib* (siehe den Unterschied zwischen einem Toten und einer schlafenden Person)
- *einen Astralleib* (siehe den Unterschied zwischen einer schlafenden und einer wachen Person)
- *den Geist oder das höhere Ich* (siehe den Unterschied zwischen einem – weisen – Menschen und einem Tier).

Dieses Wissen um die Viergliedrigkeit des Menschen ist auch ein wichtiges Paradigma für die neue Kultur, die Rudolf Steiner uns vermitteln will. Lassen Sie mich dies anhand von drei Beispielen veranschaulichen:

1. Wenn wir glauben, dass der Mensch nur aus einem physischen Körper besteht, nehmen wir Euthanasie als selbstverständlich hin. Warum sollte ein Mensch, so ist dabei der Gedanke, sinnlos leiden müssen? Es ist dann gar nicht mehr so abwegig, dass sich immer mehr alte Menschen entscheiden werden, ihrem Leben ein Ende zu setzen, weil sie ihren Kindern und der Gesellschaft nicht zur Last fallen wollen. Es wird sogar so etwas wie einen (stillschweigenden) moralischen Zwang geben, diese Entscheidung als alter Mensch zu treffen. Die meisten Menschen werden dies sogar für selbstverständlich halten, einfach weil sie sich nichts anderes mehr vorstellen können, als dass ein Mensch nur aus einem physischen Körper besteht. Die Zeit, in der dies geschehen wird, ist nicht mehr weit entfernt.

Aber wenn Sie, wie Rudolf Steiner, von der Viergliedrigkeit des Menschen ausgehen, wird es Ihnen ein Leichtes sein zu erkennen, dass Euthanasie große Folgen für unseren Weg durch die Astralwelt nach dem Tod haben kann. In diesem Fall haben wir wahrscheinlich nicht alle Lektionen auf Erden gelernt, für die wir herabgekommen sind, einfach weil wir vorzeitig zurückkehren muussten. Darüber hinaus muss eine Seele (die den Geist in sich trägt) vollständig gereift und damit bereit sein, durch das Tor des Todes zu gehen – so wie ein Fötus im Mutterleib voll ausgereift sein muss, bevor das Kind geboren werden kann. Warum dieser Satz nicht unsinnig ist, verdeutlicht der Vergleich, den wir im vorigen Kapitel angestellt haben: Geburt und Tod sind eigentlich identische Vorgänge!

2. Wir erleben auch, wie die Medizin mehr und mehr auf die Heilung des physischen Körpers reduziert zu werden scheint, und dass die Bewohner dieses physischen Körpers – also Seele und Geist – kaum noch Beachtung finden. Deshalb hat Rudolf Steiner mithilfe von Ita Wegman die Anthroposophische Heilkunde eingeführt, in der ausdrücklich auch der Einfluss des Äther- und Astralleibes auf den physischen Körper berücksichtigt wird. Schließlich werden bestimmte Krankheiten dadurch verursacht, dass die Koordination zwischen diesen Dreien, nämlich dem physischen Körper, dem Äther- und dem Astralleib, nicht einwandfrei funktioniert.

3. Sie werden auch anders über Organspenden denken, wenn Sie davon ausgehen, dass ein Mensch nur aus einem physischen Körper besteht: Dann ist es egal, wenn man ein Organ einfach in den Körper eines anderen Menschen einpflanzt, so wie man Maschinenteile von einem Gerät in ein anderes einbauen kann. In dieser Hinsicht ist der Mensch also mit einer Maschine vergleichbar: Was für Maschinen gilt, gilt auch für den Menschen. Wenn man

jedoch davon ausgeht, dass unsere Organe nicht nur aus physischer Materie bestehen, sondern auch einen Äther- und einen Astraleib haben, stellt sich natürlich die Frage, welche Konsequenzen die Organspende in diesem Fall hat. Um nur ein Beispiel zu nennen: Unsere Erinnerungen sitzen in unserem feinstofflichen Körper. Wenn wir also ein Organ transplantieren, verpflanzen wir auch Erinnerungen von einem Menschen in einen anderen. So kann es etwa – und dafür gibt es viele Beispiele – dazu kommen, dass der Empfänger plötzlich seinen Geschmack ändert, andere Vorlieben für Musik hat oder unerwartet depressive Gefühle erlebt, die nicht seine eigenen sind.

Im Jenseits fehlen dem Spender (der ja mit seinem Organ auch so manche Erinnerung aufgegeben hat) beim Rückblick in die geistige Welt gewisse Erinnerungen, und er ist deshalb nicht in der Lage, sein gerade vollendetes irdisches Leben richtig zu reflektieren. Für eine weitere Aufklärung zu diesem wichtigen Thema möchte ich Sie auf mein Buch: »Organspende«[64] verweisen.

Euthanasie, Heilkunde und Organspende sind nur drei Beispiele für die spirituelle Schlacht, die in der heutigen Zeit ausbricht. Sie wird sich auf viele weitere Bereiche ausweiten. Wie wir gesehen haben, geht der Kampf von zwei völlig entgegengesetzten Vorstellungen vom Menschen aus: Besteht der Mensch nur aus einem physischen Körper oder besitzt er darüber hinaus auch noch eine Seele und einen Geist? Rudolf Steiner wollte seine Schüler schon vor hundert Jahren insbesondere auf diese Schlacht vorbereiten! Aber es scheint, dass der Kampf erst jetzt mit voller Wucht ausbricht und jeder Mensch gezwungen sein wird, eine persönliche Entscheidung zu treffen.

Meine größte Sorge ist, dass sich viele Mitmenschen dieser Entscheidung nicht bewusst sind und sich einfach der Theorie vom eingledrigen Wesen (wonach der Mensch nur aus einem physischen Körper besteht) anschließen, die ihnen die Meinungsmacher im Fernsehen, in der Wissenschaft, in den Zeitungen und in den sozialen Medien vermitteln. Auch aus diesem Grunde halte ich es für so wichtig, dass die Erkenntnisse Rudolf Steiners weithin bekannt werden.

Der Weg des Verstorbenen auf der anderen Seite des Todes

Die beiden – oben erwähnten – gegensätzlichen Vorstellungen führen auch zu einem völlig unterschiedlichen Umgang mit dem Tod. Wenn der Mensch nur aus einem Körper besteht, dann bedeutet tot auch wirklich tot, und es gibt nichts mehr: Kein Bewusstsein, kein Weiterleben und ebenso wenig ein Wiedersehen mit unseren verstorbenen Angehörigen. Aber wenn man vom viergliedrigen Wesen Mensch ausgeht, dann bekommt man eine vollkommen andere Vorstellung vom Tod. Dann gibt es durchaus ein Weiterleben nach dem Tod, wie es im Christentum und in den meisten anderen Religionen schon immer geglaubt und von Generation zu Generation weitergegeben wurde.

Rudolf Steiner hat sehr klar und verständlich den Weg beschrieben, der sich für den Verstorbenen auftut, wenn er das Tor des Todes durchschritten hat.[65]

- Es ist eine Reise, die ihn zunächst von der Erde (der physischen Welt) in die feinstoffliche Welt führt – in die geistige Sphäre, die die Erde wie eine Hülle umgibt. Dort hält sich der Verstorbene drei Tage auf – Tage, in welchen er seinen Ätherleib langsam ablegt.

In dieser Sphäre blickt er auf sein gerade vollendetes irdisches Leben zurück – ein Rückblick, bei dem ihm entweder Moses oder Christus beistehen. Wenn die Rückschau abgeschlossen ist, lässt der Verstorbene seinen Ätherleib in der feinstofflichen Welt zurück, so wie er drei Tage zuvor seinen physischen Körper auf Erden zurückließ.

- Wenn diese erste Rückschau und das Ablegen des Ätherleibes abgeschlossen sind, tritt er in die Astral- oder Seelenwelt ein, wo er sich lange Zeit aufhält, um sein irdisches Leben zu verarbeiten und sich davon zu lösen. Diese Verarbeitung dauert etwa ein Drittel der Anzahl der Jahre, die der Verstorbene auf der Erde gelebt hat (aber natürlich ist diese Zeitspanne von Situation zu Situation unterschiedlich, je nachdem ob sich der Verstorbene bereits im irdischen Leben in Kontemplation und Bewusstheit geübt hatte). Wenn diese Verarbeitung abgeschlossen ist, legt er auch seinen Astralleib ab und lässt ihn in der Astralwelt zurück.

- Jetzt ist er endlich zu dem geworden, was er in seinem tiefsten Inneren ist: Sein höheres Selbst, der Geist oder das Selbst. Alle Hüllen, und damit auch alle Schleier, sind gefallen. Deshalb kann derjenige, der auf der Erde an sich gearbeitet und Einsichten gewonnen hat, nun als wissendes Wesen reiner Liebe in die Welt des Lichts oder in das Devachan eintreten. Wer keine Einsicht gewonnen hat, kommt unbewusst ins Devachan.
  (Eine detaillierte Erläuterung dieses Weges findet sich in meinem Buch: »Die ersten drei Tage im Jenseits«)[66]

Schweigen ist Gold

Wir haben bereits festgestellt, dass sich der Vorhang, der die Erde jahrhundertelang von der geistigen Welt abgeschirmt hat, allmählich wieder öffnet. So ist es den Menschen seit 1899 möglich geworden, durch besondere Erlebnisse – beispielsweise durch Nahtod-Erfahrungen, Engel-Begegnungen, eine Christus-Erscheinung oder die Begegnung mit einem Naturwesen, um nur einige zu nennen – eine Verbindung zur geistigen Welt herzustellen. Es sind fast immer Erfahrungen, die einen tiefen Eindruck hinterlassen und das Leben derjenigen, die eine solche Erfahrung machen, völlig verändern. Deshalb haben sie einerseits den Wunsch, diese Erfahrung mit anderen zu teilen, andererseits aber auch das Bedürfnis zu erkennen: »Wie ist eine solche Erfahrung möglich?«

Eine solche Erfahrung mit anderen zu teilen, wird immer schwieriger. Das liegt daran, dass die meisten Menschen glauben, dass wir nur aus einem physischen Körper bestehen – was vor allem viele Ärzte denken, weil sich ihre Ausbildung einseitig auf das konzentriert, was bewiesen werden kann und nachweisbar ist. Sie sagen daher schnell, dass es so etwas wie eine spirituelle Welt nicht gibt und Nahtod-Erfahrungen nicht real, sondern Halluzinationen sind. Für diejenigen, die eine solche Erfahrung gemacht haben, ist dies meist inakzeptabel: Irgendwie haben sie sehr intensiv erlebt, dass die Welt, die sie im Rahmen eines Nahtod-Erlebnisses betreten haben, die eigentliche, die wirkliche, die geistige Welt ist, und es gelingt ihnen nicht, dies zu leugnen. Deshalb schweigen sie immer öfter. Das ist nur zu verständlich, denn mit der begrenzten Sichtweise, dass der Mensch nur aus einem physischen Körper besteht, lässt sich eine solche Erfahrung auch nicht erklären. Dies ist jedoch mit der Betrachtungsweise Rudolf Steiners und seinem Wissen um die Viergliedrigkeit des Menschen möglich. Denn worum geht es?

Die Silberschnur

Wenn wir schlafen, verlassen unser Astralleib und unser Geist unseren physischen Körper und unseren Ätherleib und treten in die geistige Welt ein.[67] Wir haben bereits festgestellt, dass in unserem Astralleib unser Bewusstsein sitzt. Das bedeutet, dass wir uns nachts, wenn unser Astralleib uns verlassen hat, unserer Umgebung nicht bewusst sind.

Doch wenn wir sterben, treten nicht nur unser Astralleib und unser Geist aus dem Körper, sondern auch unser Ätherleib (der, wie wir festgestellt haben, unserem physischen Körper Lebenskräfte verleiht). Um nun eine Nahtod-Erfahrung zu verstehen, ist es wichtig, unsere Aufmerksamkeit auf ein bestimmtes Detail zu richten, das bei diesen Astralreisen eine Rolle spielt; denn unser Astralleib und unser Geist bleiben in der Nacht, auch wenn sie den Körper verlassen haben, mit unserem physischen Körper und Ätherleib, die auf dem Bett liegen bleiben, durch ein energetisches Band verbunden. Dieses Band wird traditionell »Silberschnur« genannt. Deshalb können der Astralleib und der Geist morgens leicht in den schlafenden Körper zurückfinden – die Silberschnur leitet sie.

Dasselbe geschieht beim Sterben: Wenn unser Äther- und Astralleib zusammen mit dem Geist unseren Körper verlassen, bleiben sie durch die Silberschnur weiterhin mit dem physischen Körper verbunden. Infolgedessen fällt der physische Körper in ein tiefes Koma und ist »beinahe tot«. Aber der Tod selbst tritt erst ein, wenn die Silberschnur reißt. Solange die Silberschnur nicht durchtrennt ist, können der Äther- und der Astralleib zusammen mit dem Geist in den physischen Körper zurückkehren. Und genau das passiert bei einem Nahtod-Erlebnis: Die Silberschnur war nicht zerrissen, und so konnte derjenige, der beinahe gestorben wäre, wieder in seinen physischen Körper zurückkehren.[68]

Silberschnur und Nabelschnur

Übrigens: Die Parallele zur Nabelschnur ist sehr auffällig. Wenn die Nabelschnur durchtrennt wird, beginnt das Leben des Kindes auf Erden – und wenn die Silberschnur durchtrennt wird, beginnt das Leben des Verstorbenen in der geistigen Welt. Die Eingeweihten wussten schon immer um diese Prozesse und kannten daher auch die Silberschnur. Deshalb können wir diesen Begriff sogar in der Bibel finden – im Buch Prediger 12,6. Dort heißt es (kurz zusammengefasst), dass der Tod nur dann eintritt, wenn die Silberschnur zerrissen wird. So stoßen wir in Rudolf Steiners Beschreibung von der Viergliedrigkeit des Menschen auf uraltes Wissen, das schon die Gelehrten zu Zeiten des Alten Testaments – und damit zu vorchristlicher Zeit – besaßen. Doch für die Eingeweihten von damals war das Geheimwissen, über das sie in der Öffentlichkeit nicht sprechen durften. Zudem konnten sie dieses Wissen nur in der Sprache jener Zeit – in einer Bildsprache – verstehen und weitergeben. Es war Rudolf Steiner, der uns dieses jahrhundertealte Wissen in einer neuen, auf logischem Denken basierenden Sprache weitergegeben hat. Infolgedessen ist es nun möglich geworden, über diese Erkenntnisse klarer, nämlich logisch, nachzudenken.

Der große Wandel

Übrigens dürfen wir nicht vergessen, dass die beschriebene Entwicklung einen tiefen Sinn hatte – der Mensch verlor zuerst die Sensibilität für seinen Geist und dann das Wissen um seine Seele. Folglich führte diese Entwicklung dazu, dass sich der Mensch mehr und mehr auf die Erde konzentrierte und sich aktiv und bewusst mit der Welt der Materie verband. Das war auch seine damalige Aufgabe, und der Mensch hat sie korrekt erfüllt. Wir können also feststellen, dass der Mensch im Laufe der vergangenen Jahrhunderte voll und ganz auf der Erde angekommen ist. Deshalb konnte F. W. Zeylmans van Emmichoven auch schreiben: »Dieser Kampf gegen den Geist und die Seele kann als notwendig für die Entwicklung der Menschheit als Ganzes angesehen werden.«[69]

Die so geschaffene tiefe Verbindung mit der Erde und der Welt der Materie ist allerdings nicht der Endpunkt der menschlichen Entwicklung – sie geht weiter. Deshalb wird in der heutigen Zeit ein neuer Schritt von uns verlangt. Welcher ist das? Wir müssen uns jetzt der geistigen Welt wieder auf eine neue Art und Weise bewusst werden – nun jedoch aus dem klaren, logischen Denken heraus, das der Mensch inzwischen entwickelt hat, sowie aus unserem beeindruckenden Wissen über die Welt der Materie. Verharren wir noch in der alten Vorstellung, bei welcher zunächst der Geist und dann auch die Seele verleugnet wurde, und konzentrieren wir uns weiterhin einseitig auf die Erde und die Materie, dann werden wir allmählich in einem negativen, unmenschlichen Materialismus enden – in einem materialistischen Denken, das uns unserer Verbindung zur geistigen Welt beraubt und uns den Blick auf den Sinn des Lebens nimmt.

Wenn wir mit dem alten, einseitigen Denken fortfahren, werden wir in einer Welt enden, in der Computer und Roboter die Macht übernehmen und die Menschheit unterjochen werden. Diese Möglichkeit rückt bereits erschreckend nahe. Deshalb müssen wir jetzt den erwähnten neuen Schritt in unserer Entwicklung tun, und wir werden aufwachen müssen.

Wir dürfen behaupten, dass Rudolf Steiner auf die Erde gekommen ist, um diesen neuen Schritt zu ermöglichen, nämlich die Transformation von einer einseitigen, oberflächlichen, materialistischen Denkweise hin zu einer höheren Denkweise, die sich des Geistes und der geistigen Welt wieder bewusst wird. Schließlich sind es Rudolf Steiners Erkenntnisse, die in der heutigen Zeit die dringend notwendige Veränderung und den Bewusstseinswandel ermöglichen. Dieser große Wendepunkt, so sagt Zeylmans van Emmichoven, ist »der erste Meilenstein auf dem Weg, der (uns) wieder nach oben führen kann«.[70]

Aufgrund der neuen Erkenntnisse um die Viergliedrigkeit des Menschen, die Rudolf Steiner uns geschenkt hat, wird es möglich zu erkennen, dass der Mensch nicht nur ein irdisches, sondern auch ein geistiges Wesen ist. Wenn wir uns dieser Tatsache bewusst werden, können wir endlich unseren Platz im Kosmos in vollem Bewusstsein einnehmen – in einer lebendigen Verbindung mit den Engeln, mit Christus und mit den Naturwesen.

Die Wahl zwischen zwei Optionen der Entwicklung

So gibt es in unserer Zeit zwei Entwicklungsmöglichkeiten, die einander diametral entgegengesetzt sind: Die Abwärtsentwicklung einer fortwährenden und immer einseitiger werdenden Verbindung mit der Welt der Materie – oder die Aufwärtsentwicklung, die bedeutet, dass wir dem Ruf Rudolf Steiners folgen, aufzuwachen und einen klaren Einblick in die Viergliedrigkeit des Menschen zu nehmen. Dieser Einblick ist es, der uns die kosmische Natur des Menschen wieder bewusst macht und uns erneut mit der geistigen Welt verbindet.

Auch dieses Wissen um die beiden Entwicklungsmöglichkeiten, zwischen welchen wir uns entscheiden müssen, ist ein wichtiges Paradigma der neuen Kultur, die Rudolf Steiner uns zugänglich gemacht hat.

9.

Die bevorstehende Inkarnation von Ahriman

Die beiden Impulsgeber: Luzifer und Ahriman

Aus allem, was wir bisher diskutiert haben, sollte deutlich geworden sein, dass der Mensch hier auf der Erde Leben für Leben eine große, beeindruckende Entwicklung durchmacht. In unserer nächsten Inkarnation werden wir wieder vor ganz andere Entscheidungen gestellt und dürfen uns neue Fähigkeiten aneignen. Der Mensch ist folglich ein Wesen im Aufbau, ein Wesen, das erst auf halbem Wege seiner Entwicklung steht. Doch der Mensch selbst hat keinen Überblick über das Gesamtbild dieser Entwicklung und kann daher nicht bewusst wählen, an welchen neuen Möglichkeiten er in der jeweiligen Inkarnation arbeiten wird. Daher gibt es zwei wichtige Impulsgeber, die den Menschen herausfordern und ihn motivieren, so dass er in jeder Inkarnation wieder an den neuen Möglichkeiten arbeitet, die er sich dann aneignen muss.

Doch wer sind diese Impulsgeber? Es sind zwei geistige Wesenheiten, die aus den Reihen der Engel hervorgegangen sind: Luzifer und Ahriman. So nennt Rudolf Steiner sie, in Anlehnung an alte Traditionen, insbesondere an die altpersische Tradition. In der Bibel werden sie als »Teufel« und »Satan« bezeichnet.

Ohne die Herausforderungen und Inspirationen durch diese beiden Wesen und ihre Anhänger – große Heerscharen von luziferischen und ahrimanischen Engeln – hätte der Mensch niemals so viel Wissen erworben und wäre sich der Erde auch nicht bewusst geworden. Sie sind es, die den Menschen fortwährend immer wieder neue Anstöße gaben – und es immer noch tun – damit Wachstum und Entwicklung möglich werden. Luzifer begann, und später schloss sich ihm Ahriman mit seinen Verführungskünsten an.

Tatsächlich können wir sagen, dass die menschliche Entwicklung erst dann wirklich begann, als Luzifer zum ersten Mal auf den Menschen einwirkte. Deshalb beginnt die Bibel mit einem kurzen Prolog, in dem die vorangegangene Entwicklung des Menschen und seiner drei Körper – physischer Körper, Ätherleib und Astralleib – zusammengefasst wurde. Doch unmittelbar danach wird in ausdrucksstarken, beeindruckenden Bildern die Geschichte von Adam und Eva beschrieben, wie die beiden im Paradies von der Schlange verführt wurden. Diese Schlange – das ist niemand anders als Luzifer. Er ist es, der Eva dazu verführt, einen Apfel vom Baum der Erkenntnis zu pflücken. Dieses eindrucksvolle symbolische Bild sagt uns, dass Eva – und dank ihr auch Adam – in diesem Moment einen Entwicklungsweg einschlagen, auf dem sie das große Wissen erwerben werden, das Luzifer beiden schenken will. Es ist ein besonderes Wissen: Es verleiht dem Menschen Bewusstsein.

Deshalb wird in der biblischen Geschichte unmittelbar danach erzählt, dass Adam und Eva sich nach dem Verzehr des Apfels ihrer Nacktheit bewusst werden und sich ein Feigenblatt suchen, um sich damit zu bekleiden. Die Geschichte lautet wörtlich: »Dann wurden beiden die Augen geöffnet, und sie merkten, dass sie nackt waren. Sie befestigten Feigenblätter aneinander und machten sich Schurze.«[71] Das luziferische Wissen, das der Mensch erhält, impliziert folglich auch, dass er sich seiner selbst bewusst wird. So beginnt der Weg der Menschwerdung also mit dem Eingreifen Luzifers.

Übrigens nennt die Bibel – und zwar im letzten Buch – auch das Endziel des Entwicklungsweges, den der Mensch beschreitet. In der Bildersprache jener Zeit heißt es, dass der Mensch eines Tages, in ferner Zukunft, neben Christus auf seinem Thron sitzen darf: »Wer überwindet, dem will ich geben, mit mir auf meinem Thron zu sitzen.«[72] In jener sehr fernen Zukunft wird der Mensch also Jesus Christus, dem vollkommenen, göttlichen Menschen, der den Tod besiegt hat, ebenbürtig geworden sein. Das ist doch wirklich ein großartiges, beeindruckendes Bild! Aber so weit ist es noch lange nicht – ganz im Gegenteil. Zuerst wird sich der Mensch weiterentwickeln müssen – und zwar durch tiefgreifende Prüfungen und schwere Krisen, die ihm als Folge der Versuchungen Luzifers und Ahrimans widerfahren werden. Aber durch eben diese Prüfungen und Krisen wird er spirituell wachsen.

Eine extreme Haltung

Aber was bedeutet das genau? Sind denn Luzifer und Ahriman nicht himmlische Wesen, die unsere Weiterentwicklung anstoßen, die uns Wissen und Erkenntnisse bringen? Bedeutet der Name Luzifer nicht »Lichtträger«, also derjenige, der uns das Licht der Erkenntnis bringt? Wie können er und Ahriman uns dann Krisen und Prüfungen bescheren?

Das liegt an ihrer Neigung zu Extremen. Hier auf Erden zerfällt alles in Dualitäten oder Gegensätze: Licht und Dunkelheit, gut und böse, alt und jung, Himmel und Erde, Mann und Frau und so weiter. Wenn wir Luzifer und Ahriman von diesem Blickwinkel aus betrachten, sehen wir, dass Luzifer uns ganz auf die geistige Welt hin fixieren will, als ob die irdische Welt nicht wirklich wichtig wäre. Ahriman jedoch will genau das Gegenteil: Er will unsere Aufmerksamkeit ganz auf die Erde richten und uns die geistige Welt vergessen lassen.

Ich möchte gern noch einige Gegensatzpaare nennen, die die ausgeprägte Einseitigkeit von Luzifer und Ahriman zeigen und deutlich machen, womit sie uns verführen wollen:

Luzifer	**Ahriman**
überempfindlich	abgestumpft
sentimental	gleichgültig
Übermut	Feigheit
Idealismus	Realismus
Wärme	Kälte
zu nahe	zu sehr auf Abstand
schwatzhaft	wortkarg[73]

Eine faszinierende Tatsache ist auch Folgende: In unserer Jugend dominieren die Kräfte und Inspirationen Luzifers. Man denke nur an den Idealismus und Übermut der Jugend. Man denke auch an alle möglichen Arten von Kinderkrankheiten, die mit Fieber und damit mit Hitze einhergehen.

Doch mit zunehmendem Alter beginnen Ahrimans Einfluss und seine Kräfte immer stärker zu wirken. Man denke nur an alle möglichen Formen der Erstarrung. Man denke auch an alte Menschen, die wollen, dass alles so bleibt, wie es war, und so weiter. Außerdem sind es im Alter vor allem kalte – und damit ahrimanische – Krankheiten, die uns hauptsächlich zusetzen: Krebs, Rheuma, Parkinson und so weiter.

Dies sind nur einige Beispiele, die ein wenig Licht auf die ausgeprägte Einseitigkeit von Luzifer und Ahriman werfen können, und die vielleicht etwas mehr Einblick in Bezug auf die Frage geben, ob Sie in Bezug auf Ihren Charakter und Ihre Lebensweise eher zu Luzifer oder eher zu Ahriman tendieren. Das Wissen um diese Zusammenhänge ist wichtig; dann können Sie daran arbeiten, etwas weniger extrem ausgerichtet zu leben!

Ost und West

Angesichts dieses Einblicks in das (oft so verborgene) Wirken von Luzifer und Ahriman ist es faszinierend, einen Blick auf die Welt um uns herum zu werfen. Man bedenke zum Beispiel, dass die Bewohner von Ländern wie China und Indien seit Jahrhunderten in einer himmlischen Atmosphäre gelebt haben, in der die kosmische Weisheit im Mittelpunkt stand. Erst im letzten Jahrhundert begann in China – dank des Aufkommens des Mao-Kommunismus – eine Entwicklung, die dazu führte, dass China in raschem Tempo nun auch die irdische Wirklichkeit zu entdecken beginnt und diese weiterentwickelt.

In Indien sehen wir, wie die Einführung des Kapitalismus durch die englischen Kolonialherren im letzten Jahrhundert schließlich zu einer raschen Entwicklung der irdischen Realität geführt hat. Jahrhundertelang lebten diese Länder in der Sphäre der himmlischen Weisheit Luzifers, und ihre Bewohner waren mehr auf den Kosmos als auf die irdische Realität ausgerichtet. Erst jetzt, in unserer heutigen Zeit, bekommt die ahrimanische Inspiration auch in diesen Ländern eine Chance.

Was den Westen betrifft, so war es in Europa und Amerika genau umgekehrt: Dort konzentrierten sich die Menschen schon früh auf die irdische Wirklichkeit. Sie wussten, wie sie die westliche Kultur – insbesondere durch die Entwicklung der Technologie – zur Hochblüte bringen konnten, und sie tun es noch immer. Jetzt müssen sie diese extrem einseitige Ausrichtung erkennen und sich der geistigen Welt wieder bewusst werden.

»Hier unten jedenfalls ist sie [die Wirklichkeit] nicht!«. Mit diesem alten Sprichwort könnte man die Position Luzifers – und damit die alten Vorstellungen des Ostens – in Worte fassen. Ahriman hingegen würde sagen: »Der Himmel ist eine Fata Morgana, nur das Irdische zählt wirklich.«

Erwerb neuer Fähigkeiten

Eines ist klar geworden: Beide Sichtweisen sind extrem einseitig und haben bestimmte Konsequenzen. In der orientalischen Welt ist das irdische Leben oft zum Stillstand gekommen. Man denke nur an die medizinische Versorgung in Indien, die sich seit Jahrhunderten auf einem niedrigen Niveau befindet. Meditation war wichtiger als die Entwicklung konkreter Heilmethoden. In der westlichen Welt hingegen beginnt der Mensch, mehr und mehr den Kontakt zur geistigen Welt – und sogar jegliche Vorstellung davon – zu verlieren. Dies führt zu einem zunehmenden Gefühl der Sinnlosigkeit, zu wachsender Einsamkeit (die sich sogar zur Volkskrankheit Nummer Eins entwickelt) und zu einer immer größer werdenden Angst vor dem Tod – dem großen Nichts.[74]

Es ist wichtig zu erkennen, dass diese einseitigen Inspirationen den Menschen immer wieder neu anstacheln. Dies ermöglicht es ihm, durch die Herausforderungen, die Luzifer und Ahriman ihm stellen, neue Fähigkeiten zu entwickeln. Diese beiden Impulsgeber sind daher ein Geschenk für die Menschheit; aber wir müssen uns in der heutigen Zeit bewusst werden, dass wir als Menschheit letztlich auch einem dieser beiden Extreme erliegen können. In unserer heutigen Zeit ist es die ausgesprochen einseitige Ausrichtung Ahrimans.

Die Inkarnationen von Luzifer und Ahriman

Um ihren Inspirationen Nachdruck zu verleihen, wollen Luzifer und Ahriman menschlich werden und verkörpern (inkarnieren) sich selbst in einem Menschen – so wie der Christus, der sich einst in dem Menschen Jesus von Nazareth verkörperte. Luzifer hat dies inzwischen ebenfalls getan, und zwar schon viel früher als Christus selbst. Er verkörperte sich zu Beginn des dritten Jahrtausends v. Chr. Wir wissen auch, in wem er sich wahrscheinlich verkörpert hat – im chinesischen Kaiser Huang Di, der auch »der gelbe Kaiser« genannt wird.[75]

Mit seiner Inkarnation brachte Luzifer der Menschheit große Weisheit, die insbesondere im medizinischen Bereich zu beeindruckendem Fachwissen geführt hat. Die Tatsache, dass es in unserem Land immer noch chinesische Ärzte gibt, die traditionelle chinesische Heilmethoden anwenden, ist direkt auf die damalige Inkarnation Luzifers in China und das Wissen zurückzuführen, das von jener Inkarnation ausging. Man denke zum Beispiel an Akupunktur, den Einsatz von Kräutern und das Bemühen um das Gleichgewicht zwischen Yin und Yang.

Zur gleichen Zeit, als Luzifer inkarnierte – etwa um 3.000 v. Chr. – brach eine neue Ära an, das Kali-Yuga oder die Eisenzeit. Wie bereits erwähnt, dauerte diese Ära fast 5.000 Jahre, bis 1899 nach Christus. Während dieser Zeit schloss sich allmählich der Vorhang, der die irdische von der geistigen Welt abschottet. Infolgedessen verlor der Mensch nach und nach, sehr langsam, seine Verbindung zur geistigen Welt.

Dadurch wurde es für Ahriman (der sich ja einseitig auf das Irdische konzentrieren will) möglich, die Menschheit zu beeinflussen. Zuerst nur ganz wenig, allmählich jedoch immer mehr. Er möchte sogar, dass der Mensch glaubt, dass es keine geistige Welt gibt und nur die Erde und die Materie real sind. Infolgedessen begann Ahriman in den vergangenen Jahrhunderten, mit seinen Inspirationen einen immer stärkeren Einfluss auf die Seelen der Menschen auszuüben.

Ahriman wird bald inkarnieren – und zwar in Amerika. Dann wird der Nachdruck, mit dem er auf den Menschen einwirkt, noch wesentlich stärker und mächtiger werden, als dies bereits jetzt der Fall ist. Er wird dies zu Beginn des dritten Jahrtausends nach Christus tun, am liebsten aber so bald wie möglich. Es heißt oft, dass er dies im 21. Jahrhundert tun wird – also in der heutigen Zeit.

Die bevorstehende Inkarnation von Ahriman in Amerika

All dies bedeutet, dass Ahriman derzeit seine künftige Inkarnation vorbereitet, so dass er mit seinem Einfluss auf die Menschheit baldmöglichst maximalen Erfolg haben wird; denn so, wie die Inkarnation des Christus im Menschen Jesus von Nazareth bereits Jahrhunderte im Voraus vorbereitet wurde, ist es auch mit der bevorstehenden Inkarnation von Ahriman. Er ist schon sehr lange mit den Vorbereitungen beschäftigt. In früheren Zeiten nahm er bereits durch Philosophen wie Nietzsche Einfluss.

In der heutigen Zeit tut er dies vor allem durch die Einflussnahme auf Wissenschaftler und Autoren, die behaupten: »Es gibt weder eine Seele noch einen Geist, die unabhängig vom Gehirn funktionieren können.«[76] Bei dieser Theorie sind Seele und Geist dem physischen Gehirn untergeordnet und sterben daher mit dem Gehirn. Es ist schon sehr beachtlich, wie viel Aufmerksamkeit und Beifall Autoren – vor allem im Fernsehen – erhalten, die solche Erkenntnisse in ihren Büchern für jedermann zugänglich machen. Eben diese große Aufmerksamkeit, die er erhält, macht auch deutlich, dass Ahriman gerade dabei ist, für seine kommende Inkarnation einen spirituellen Rahmen zu schaffen, in dem er aktiv werden und sich, von vielen bewundert, ans Werk machen kann.

Dazu sollte man wissen, dass Ahriman in seiner kommenden Inkarnation in Amerika als Wohltäter der Menschheit auftreten wird. Zu diesem Zeitpunkt werden die Menschen in großer Not sein, aus der

Ahriman sie erlösen wird. Mit der Dankbarkeit, die ihm dafür entgegengebracht wird, wird es ihm gelingen, Millionen von Menschen zu beeinflussen und ihnen spirituelle Führung zu gewähren.

Deshalb ist es wichtig, dass wir wachsam sind und lernen, die Zeichen der Zeit zu verstehen.[77] Im vorigen Kapitel habe ich eine Reihe von Entwicklungen auf dem Gebiet der Sterbehilfe, der Medizin und der Organspende beschrieben. Auch bei diesen Entwicklungen können wir Beispiele dafür ablesen, wie sich Ahriman auf seine bevorstehende Inkarnation vorbereitet.

Ray Kurzweil ist ein Futurist, also Zukunftsforscher und Erfinder, der immer mehr Aufmerksamkeit auf sich zieht. Er sagt voraus, dass der Mensch im Jahr 2045 eine Symbiose mit dem Computer eingehen wird: Dieser wird in das menschliche Nervensystem integriert werden.[78] Solche Entwicklungen dürften Ahriman wie Musik in den Ohren klingen. Der Mensch wird mehr und mehr auf einen physischen Körper reduziert werden, der immer stärker die Merkmale eines technischen Geräts aufweisen wird. Dabei werden in Folge dieser Entwicklung zu einem Automaten, die der Mensch gerade durchmacht, alle seelischen und geistigen Qualitäten nach und nach schwinden und schließlich ganz verkümmern. Für Ahriman ist dies eine vielversprechende Perspektive.

Der Weg der Mitte als unsere Rettung

Die große Fragestellung, die sich an dieser Stelle auftut, ist folgende: »Wie können wir der einseitigen Einflussnahme Luzifers, vor allem aber der von Ahriman, entgegenwirken? Wie können wir die verhängnisvolle Entwicklung verhindern, die sich da gerade anbahnt?« Dies kann nur geschehen, wenn wir unsere Aufmerksamkeit auf den Weg der Mitte richten, der uns vor beiden Extremen schützt. Der Weg der

Mitte – das ist der Weg Christi. Deshalb werden wir uns im nächsten Kapitel mit diesem Weg beschäftigen.

Der Einfluss von Luzifer und Ahriman auf unseren Lebensweg hat vor allem auch deshalb eine solche Macht, weil wir uns dessen nicht bewusst sind. Deshalb ist auch dieses Wissen – dass nur der Weg Christi und damit der Weg der Mitte uns davor bewahren kann, in die fatalen Extreme von Luzifer und Ahriman hineingesogen zu werden – ein wichtiges Paradigma der neuen Kultur, die Rudolf Steiner initiiert hat.

10.

Die Mysterien Christi

Die Holzskulptur in Dornach[79]

Ab 1914 entwarf Rudolf Steiner zusammen mit der englischen Bildhauerin Edith Maryon mehrere Modelle für eine Holzskulptur – genauer gesagt eine hölzerne Skulpturengruppe – die neuneinhalb Meter hoch sein und schließlich am ersten Goetheanum (dem Internationalen Zentrum für Anthroposophie in Dornach in der Schweiz) aufgestellt werden sollte. Zwei Jahre später, ab 1916, begannen sie gemeinsam mit der Bearbeitung des Holzes. Besonders bemerkenswert daran ist, dass Rudolf Steiner zu diesem Zweck eine eigene Holzschnitztechnik entwickelt hat.

Edith Maryon hat den Löwenanteil der Arbeit geleistet – Rudolf Steiner war oft unterwegs, um irgendwo in der Welt Vorträge zu halten. Aber natürlich gab er ihr ständig Anweisungen: Er konnte bereits die fertige Holzskulptur vor sich sehen. Die Skulpturengruppe besteht aus Luzifer und Ahriman mit Christus in ihrer Mitte. Sie erhielt den Namen »Der Menschheitsrepräsentant«.

Was bedeutet dieser Name? Um eine Antwort auf diese Frage zu finden, muss man wissen, dass es sich dabei nicht um ein religiöses Bildnis handelt. Es ist natürlich ein Bildnis Christi, der zwischen Luzifer und Ahriman steht und das Gleichgewicht zwischen diesen beiden Kräften aufrechterhält, doch darüber hinaus soll dieses Motiv auch den Entwicklungsweg der Menschheit darstellen: So wird der Mensch werden, wenn er schließlich, Leben für Leben, die Herrschaft über die Energien Luzifers und Ahrimans erlangt hat, die beständig versuchen, ihn zu verführen und aus dem Gleichgewicht zu bringen.

Inwiefern uns dieses Bild berührt

Jedes Mal, wenn Rudolf Steiner von einer Reise zurückkehrte, zog er sich ins Atelier zurück, um an der Skulptur zu arbeiten. Er konzentrierte sich vor allem auf den Kopf und das Gesicht Christi beziehungsweise des Menschen. Das war für ihn unglaublich wichtig. Warum? Es musste zu einem Gesicht werden, aus dem alle Kräfte Luzifers und Ahrimans vertrieben worden waren, um sichtbar zu machen, wie der Mensch am Ende seiner irdischen Entwicklung aussehen würde.

Den Betrachter berührt das Antlitz Christi nicht sofort emotional. Am Anfang berührt es uns wenig. Es ist jedoch ein Gesicht oder Bildnis, das allmählich in unsere Seele eindringt und uns immer tiefer und tiefer zu berühren beginnt.

So ist es zu einem Bild geworden, das Bildern ähnelt, die man in der geistigen Welt wahrnehmen kann. Auch sie berühren (zumindest sofern man nicht in niederen Sphären hängen bleibt) nicht unsere Emotionen, sondern Tieferes – die Kräfte unseres Geistes (und folglich nicht die unserer Seele, in der unsere Emotionen leben). Nach dieser Erkenntnis habe ich schon lange gesucht.

Für Rudolf Steiner war die Ausarbeitung des Hauptes Christi so wichtig, dass er jede freie Stunde opferte, um daran arbeiten zu können – und er blieb bis zu seiner Krankheit weiter daran. Dennoch ist es zu einem Antlitz geworden, das uns nicht direkt berührt – also, nicht in unseren Emotionen – sondern man braucht Zeit, um allmählich eine innere Verbindung mit ihm aufzubauen. Warum ist das so? Jetzt, da ich die Antwort darauf gefunden und verstanden habe, dass dieses Bild hauptsächlich unseren Geist und nicht (so sehr) unsere Seele anspricht, beginnt es, mich immer tiefer zu berühren. Dazu kommt noch, dass Rudolf Steiner persönlich erklärte, dass Jesus Christus vor 2000 Jahren tatsächlich so aussah.

Vom Feuer verschont

Das erste Goetheanum brannte am 31. Dezember 1922 ab, bevor die hölzerne Skulpturengruppe fertig war, um dort aufgestellt zu werden (siehe auch Kapitel 16). Dadurch blieb sie verschont. Besucher können sie heute noch immer im zweiten Goetheanum in Dornach betrachten, wo sie in einem separaten Raum aufgestellt ist.

Das Faszinierende daran ist, dass diese Holzskulptur uns zeigen will, dass der Weg zwischen Luzifer und Ahriman – und damit der Weg der Mitte – der Weg ist, auf dem der Mensch schließlich so wird, wie er von Gott gedacht war. Der Weg der Mitte ist also der Mittelweg, den es zwischen den zwei Extremen einzuhalten gilt, zu welchen Luzifer und Ahriman verführen wollen. Diesen Weg kann jeder finden, der sich mit Jesus Christus verbindet; denn er hat diesen Weg möglich gemacht und ist ihn selbst gegangen.

Luzifer und Ahriman aus unserem Körper jagen

Rudolf Steiner wollte das Antlitz Jesu Christi so darstellen, dass alle Kräfte Luzifers und Ahrimans aus ihm verschwunden sind. Was meine ich mit diesen wenigen Worten? Darin liegt ein großes Mysterium, in das Rudolf Steiner uns Einblick gegeben hat: Luzifer und Ahriman wirken nicht nur auf unsere Seele ein, sie wirken auch bis in den physischen Körper des Menschen hinein.

Deshalb spiegeln unsere Gesichter immer auch die Energien von Luzifer wider. Man sieht zum Beispiel jemanden vor sich, der nur sich selbst sieht, oder jemanden, der ganz nett tut, es in Wirklichkeit jedoch gar nicht ist. Oder man trifft jemanden, der ein wenig abgehoben ist und sich selbst überschätzt. Doch unser Gesicht kann auch die Verhärtung von Ahriman widerspiegeln: Man hat dann zum Beispiel jemanden mit zusammengepressten Lippen vor sich, eine Person, die etwas Starres ausstrahlt und sich durch nichts motivieren lässt. Oder Sie sehen jemanden vor sich, der materialistisch ist, das Leben als sinnlos erlebt und von Ängsten und Gefühlen der Einsamkeit geplagt wird.

Wir stehen daher vor der Aufgabe, die Energien von Luzifer und Ahriman Leben für Leben zu überwinden und sie nicht nur aus unserer Seele, sondern auch aus unserem Körper zu vertreiben. Dieser Aufgabe werden wir uns während der gesamten weiteren Entwicklung der Menschheit widmen müssen. Doch wenn dieser Prozess dann – in ferner Zukunft – endlich abgeschlossen ist, werden wir zu dem Menschen geworden sein, den Gott sich vorgestellt hat. Deshalb heißt die Skulpturengruppe auch »der Menschheitsrepräsentant«. So wird der Mensch in ferner Zukunft aussehen, wenn er Luzifer und Ahriman besiegt hat.

Die Mysterien Jesu Christi

Durch dieses Wissen kommen wir in Berührung mit den großen Geheimnissen aus dem Leben Jesu Christi, in die Rudolf Steiner uns Einblick gegeben hat. So hat er deutlich gemacht, dass Jesus von Nazareth ein Mensch war. Zwar der bedeutendste aller Menschen, aber dennoch – ein Mensch.

Seiner Geburt gingen viele Jahrhunderte der Vorbereitungen aus der geistigen Welt voraus. So waren beispielsweise Abrahams Berufung und die Geburt des jüdischen Volkes (von der uns das Alte Testament berichtet) dazu bestimmt, den einen Menschen hervorzubringen, der stark genug sein würde, um den göttlichen Christus-Geist in sich aufzunehmen und zu tragen.[80] Welcher Mensch wäre schließlich imstande, den allerhöchsten Kraftstrom des Christus zu ertragen, ohne sofort daran zu sterben? In der Tat – kein einziger Mensch. Deshalb bedurfte es jahrhundertelanger Vorbereitungen, damit eines Tages dieser besondere Mensch Jesus geboren werden konnte, der dazu in der Lage sein würde. Auch die Jugend Jesu war mit großen Geheimnissen verbunden, die alle mit der Schöpfung und Geburt des Menschen Jesus zu tun haben, der der Träger des Christus werden sollte.[81]

Als Jesus von Nazareth dreißig Jahre alt war, wurde er von Johannes dem Täufer im Jordan getauft. Damals, bei der Taufe, geschah es, dass der kosmische, göttliche Christus-Geist, das Wesen der vollkommenen Liebe, in die Sphäre der Erde herabkam, zu Jesus niederstieg und sich mit ihm verband. So entstand der Mensch, der seitdem ehrfürchtig Jesus (der) Christus genannt wird.

Seit Jahrhunderten haben die Kirchen über die Frage nachgedacht: »Wie ist das denn nun? Jesus Christus ist Gott und Mensch zugleich, aber wie müssen wir das sehen?« Die Theologen gingen immer davon aus, dass Jesus von Nazareth von Geburt an Gott und Mensch war – schließlich hatten sie in jenen vergangenen Zeiten kein Bewusstsein für das Wachstum und die Entwicklung, die jeder Mensch durchläuft und durch die auch der Mensch Jesus ging – eine Entwicklung, die ihn erst bei der Taufe im Jordan zu Jesus Christus machte – erst dann wurde er Mensch und Gott zugleich.

Die Ostkirchen (in Russland, Rumänien, Griechenland und anderen Ländern) betonten in den vergangenen Jahrhunderten (und tun dies auch heute noch) hauptsächlich das Göttliche an Jesus Christus, während die westlichen Kirchen vor allem das Menschliche an ihm hervorhoben. Deshalb hat der Maler Matthias Grünewald (1470 – 1528) insbesondere das Menschliche an Jesus Christus dargestellt. Er malte ihn am Kreuz hängend mit einem geschundenen Körper und leidend wie kein anderer – ein Gemälde, das die meisten Betrachter tief berührt und ihnen immer in Erinnerung bleibt. Die Ostkirchen hingegen haben Jesus Christus stets als ein erhabenes Wesen dargestellt, als den »Pantokrator«, den Allherrscher, den Herrscher über alles. Damit betonten sie das göttliche Wesen Jesu Christi.[82]

Die Versuchungen

Unmittelbar nachdem Jesus Christus im Jordan getauft worden war, begab er sich in die Wüste, die in der Nähe des Jordans lag. Dort wurde er den Evangelien zufolge von Luzifer und Ahriman oder dem Teufel und Satan in Versuchung geführt.[83] Sie versuchten, ihn dazu zu verführen, zu sündigen und dadurch seine vollkommene Göttlichkeit zu verlieren.

Warum haben sie das eigentlich getan? Weil der kosmische Christus im Leib des Jesus von Nazareth, in den er bei der Taufe eingetreten war, Luzifer und Ahriman vorgefunden hatte. Schließlich wirken sie ja in jedem menschlichen Körper, also auch in dem von Jesus von Nazareth. Sie wussten, was geschehen würde, dass der Christus sie allmählich aus diesem Körper vertreiben würde. Doch sie erkannten auch, dass damit, wenn dies auch nur einem einzigen Menschen gelingen würde, eine Gelegenheit für alle Menschen geschaffen wäre – alle Menschen wären dann in der Lage, Luzifer und Ahriman in Zukunft aus ihrer Seele und ihrem Körper zu vertreiben. Aber das würde bedeuten, dass Luzifer und Ahriman ihren Einfluss auf die Menschen verlieren würden – das wäre das Ende ihrer Rolle. Um dies zu verhindern, gingen sie unmittelbar nach der Taufe im Jordan zum Angriff über und begannen, Jesus Christus auf jede erdenkliche Weise zu attackieren und zu verführen.

Denken Sie nur an dieses eine Beispiel, das eine Metapher oder eine Vision ist. Diese metaphorische Geschichte erzählt, dass Jesus Christus nach der Taufe im Jordan vierzig Tage lang fastete. Das bedeutet, dass er nichts gegessen und kaum etwas getrunken hat. Doch dann kommt Ahriman zu ihm (als Geistererscheinung) und fordert Jesus Christus auf: »Bist du Gottes Sohn, so sprich zu dem Stein, dass er Brot werde.« Das muss ein sehr verlockender Vorschlag gewesen sein. Zum ersten Mal in seiner Existenz hat der Christus einen physischen Leib und ist mit einem nagenden Hunger konfrontiert, den er nicht kennt und von dem er nicht weiß, was das für seinen Körper bedeutet: Wird er davon krank werden oder vielleicht gar sterben? Doch Jesus Christus widersteht dieser Versuchung. Er antwortet: »Die heilige Schrift sagt: ›Der Mensch lebt nicht von Brot allein‹.«[84]

Drei Jahre lang, von der Taufe im Jordan bis zu seiner Kreuzigung auf Golgatha, dauerte der Kampf mit Luzifer und Ahriman. Erst dann, am Kreuz, vertrieb Jesus Christus die allerletzten Energien von Ahriman, die noch im Mark seiner Knochen wirkten. Deshalb waren seine letzten Worte, die er sagen konnte: »Es ist vollbracht.« Das heißt, jetzt ist der erste Mensch geboren – hier am Kreuz – der vollkommen frei von den Einflüssen Luzifers und Ahrimans ist.

Seither wird jeder, der dies tun will – und der dem Weg der Mitte von Jesus Christus folgen will – auch eines Tages, in ferner Zukunft, dieses hohe Ziel ebenfalls erreichen können.

Jesus von Nazareth und der Christus werden allmählich eins

In seinen Vorträgen enthüllte Rudolf Steiner ein Geheimnis nach dem anderen über Jesus Christus.

Das vielleicht größte Geheimnis ist jedoch Folgendes: Als Jesus Christus am Kreuz starb, wurde der Christus (-Geist) auf Erden geboren. Der Christus wurde nämlich im Körper und in der Seele Jesu allmählich von einer himmlischen in eine irdische Kraft verwandelt. Nach und nach war der Christus in den physischen Leib des Jesus von Nazareth eingetreten und hatte ihn von luziferischen und ahrimanischen Kräften gereinigt und mit den Christus-Energien durchdrungen. So beobachteten Hellseher während der ersten Zeit nach der Taufe im Jordan eine Wolke, die Jesus Christus umgab – es waren die Energien des Christus-Geistes, die um die Gestalt Jesu Christi herumschwebten. Schließlich handelte es sich um so immense Energien, dass Jesus Christus sie nur ganz allmählich und nach und nach in seinen Körper und seine Seele aufnehmen konnte.

Die Zeitenwende

Im Lichte dieses Mysteriums können wir auch die beeindruckende Geschichte vom Gebet Jesu in Gethsemane sehen. Am Donnerstagabend, kurz bevor er gefangen genommen wurde und einen Tag vor seiner Kreuzigung, sprach er im Garten von Gethsemane, einem Olivenhain am Fuße des Ölberges, in Todesangst ein Gebet.

Darin bittet er Gott: »Mein Vater, ist's möglich, so gehe dieser Kelch von mir; doch nicht, wie ich will, sondern wie du willst!«[85] Die Theologen sind immer davon ausgegangen, dass Jesus Christus in diesem Augenblick Angst vor dem Tod hatte und deshalb Gott darum bat, dass er vom Tod am Kreuz verschont werden möge. Dies ist jedoch nicht der Fall: Wenn man den Text richtig liest, heißt es, dass er in jenem Moment in Lebensgefahr war und sich in einem Todeskampf befand.

Doch in jenem Moment steckte noch ein letztes kleines Restchen von Ahriman in seinem Körper, und Jesus Christus erkannte, dass er, wenn er nun sterben würde, nicht der erste, vollständig reine Mensch werden und Ahriman immer noch Einfluss auf ihn haben würde.

Aber wenn ihm das widerführe, würde es auch der Menschheit nicht gelingen, in Zukunft einmal die Energien von Luzifer und Ahriman zu beherrschen. Damit hätte die Menschheit keine Zukunft, sondern würde Gefahr laufen, Ahriman für immer in die Hände zu fallen.

Eben diese Erkenntnis, dass in jenem Moment die Zukunft der ganzen Menschheit in seinen Händen lag, ließ ihn so intensiv beten, dass die Schweißtropfen auf seiner Stirn zu Blutstropfen wurden. Daher bat er darum, dass Gott ihn in jenem Augenblick verschonen möge, bis er seinen großen Auftrag erfüllt habe. Wir haben bereits festgestellt, dass er einen Tag später, kurz vor seinem Tod, als er am Kreuz hing, die letzten Überreste von Ahriman bis aus dem Mark seiner Knochen vertrieb und dadurch doch noch seinen großen Auftrag erfüllte. Dann konnte er in Frieden und voller Hingabe sterben und sagen: »Es ist vollbracht.«

Als Jesus am Kreuz starb, wurde der Christus auf Erden und in der Menschheit geboren. Von diesem Moment an setzte eine ganz neue Entwicklung ein, die eine neue Verbindung mit der geistigen Welt ermöglichte – nun aber von innen heraus. Margarete van den Brink beschreibt diese Neuerung wie folgt:

»Von Golgatha stieg der Geist Christi herab – und zwar sowohl in die Menschen als auch in die Erde. Auf Golgatha stieg er zunächst in den physischen Leib des Menschen und in die Erde hinab, dann an Himmelfahrt in den Ätherleib beider und schließlich, zu Pfingsten, in die Seele und das Selbst aller Menschen auf Erden. Durch seinen Abstieg in unser Ich wurde eine neue Verbindung zwischen unserem Ich und unserem höheren geistigen Selbst möglich. Diese Verbindung wurde also an Pfingsten hergestellt, wird aber erst in dem Moment im Bewusstsein des Menschen aktiviert, wenn er beginnt, aktiv an sich selbst zu arbeiten und lernt, aus dem Geist heraus zu leben und zu denken. Seit Golgatha haben also somit die Erde und jeder Mensch die Möglichkeit erhalten, sich von innen heraus wieder mit der geistigen Welt zu verbinden.

Der Christus selbst lebt noch nicht im Menschen – der Mensch kann diese starke Kraft noch nicht ertragen. Aber der Christus-Impuls oder der Christus-Geist (in der Bibel ›Heiliger Geist‹ genannt) macht eine innere, geistige Auferstehung möglich. Diese wird eine Transformation des Menschen und der Erde ermöglichen, den allmählichen Übergang von einer materiellen Ausrichtung hin in eine geistige. Darüber hinaus wird es dem Christus möglich sein, sich uns zu zeigen, wenn wir eine zunehmend stärkere Verbindung mit dem Christus-Geist gewinnen.

All dies bedeutet, dass seit Golgatha in unserem physischen Leib nicht nur Luzifer, Ahriman und die Asuras leben, sondern auch der Christus-Geist selbst. Dies gilt auch für unseren Ätherleib, unseren Astralleib und unser Selbst beziehungsweise unseren Geist. Wenn der Mensch lernt, sich mit dem Christus-Geist zu verbinden, wird ihm die Möglichkeit gegeben, das Böse und die Dunkelheit, die in ihm leben, zu überwinden.«[86]

Deshalb sind der Tod und die Auferstehung Jesu Christi in der Tat ein Wendepunkt in der Evolution der Menschheit.

11.

Der große Erzengel Michael

Der Kampf zwischen Michael und Ahriman

Im Werk Rudolf Steiners nimmt der Erzengel Michael eine herausragende Stellung ein. Warum ist das so? Zunächst einmal, weil er das geistige Oberhaupt der gegenwärtigen Kulturperiode ist. Aber auch aus folgendem Grund: Das Wirken des Christus in der feinstofflichen Welt wurde möglich, weil der große Erzengel Michael bereits zuvor – im Jahr 1841 – dorthin hinabgestiegen war. Er war in den geistigen Kampf mit Ahriman eingetreten, der die Menschen von dort aus beeinflusste. Dort, in der feinstofflichen Welt, wollte Michael einen Raum schaffen, der frei von den dunklen Energien von Ahriman ist. Nur in einem solchen Raum würde Christus nämlich seine Aufgabe erfüllen können. Auf diese Weise wurde Michael zum Wegbereiter für den Christus.

Wir können dieses vorbereitende Wirken Michaels mit dem von Johannes dem Täufer vergleichen, der vor 2.000 Jahren der Wegbereiter für Christus war, als dieser in die irdischen Gefilde hinabstieg, um sich in dem Menschen Jesus von Nazareth zu verkörpern.

Der Kampf, den Michael gegen Ahriman führte, dauerte bis 1879. In jenem Jahr wurde Ahriman – zusammen mit seiner Heerschar ahrimanischer Engel – von Michael in das Innerste der Erde verbannt, von wo aus er seither auf die Menschheit einwirkt. In der Holzskulptur, über die ich im vorigen Kapitel berichtet habe, sehen wir, wie Rudolf Steiner Ahriman unter den Füßen Christi, im Herzen der Erde, dargestellt hat.

Doch der geistige Kampf zwischen Michael und Ahriman in der feinstofflichen Welt ist erst der Anfang des Kampfes zwischen den beiden – dieser Kampf ist immer noch im Gang. Der Einsatz ist jetzt die Seele des Menschen. Schließlich geben uns sowohl Michael als auch Ahriman Impulse, Anweisungen und Inspirationen. Die Frage lautet also: Welchen Impulsen wir Gehör schenken sollen – den Impulsen von Ahriman oder von Michael? Aber wie sollen wir uns diesen Kampf vorstellen? Um dies zu verstehen, muss ich zunächst auf jenes andere große Ereignis eingehen – als nämlich Michael zum geistigen Führer der Menschheit in der heutigen Zeit geworden ist.

Michael zieht den Vorhang auf

Im selben Jahr, 1879, in dem Michael die geistige Schlacht in der feinstofflichen Welt mit Ahriman gewann, wurde er zum führenden Erzengel unserer Zeit. Was bedeutet das? Es gibt sieben besondere Erzengel, die sich abwechseln, um die Menschheit jeweils 350 Jahre lang mit ihren eigenen spezifischen Energien zu inspirieren. Als Folge davon erhält der Mensch alle 350 Jahre ganz neue und ganz andere Impulse.

Warum passiert das eigentlich? Der Grund dafür ist, dass der Mensch immer wieder auf andere Weise beeinflusst wird. Dadurch bleibt er geistig ständig in Bewegung und kann immer wieder neue Einsichten gewinnen sowie neue Fähigkeiten erwerben.[87] (Im Jahr 1879 war Rudolf Steiner achtzehn Jahre alt. Von diesem Alter an begann er, mit Michael mit dem Ziel zusammenzuarbeiten, seine Impulse an die Menschheit weiterzugeben.)

Von 1510 bis 1879 war Gabriel der führende Erzengel, der die Menschheit 350 Jahre lang inspirieren durfte. Seine Energien hatten eine besondere Wirkung: Sie lenkten die Aufmerksamkeit des Menschen vor allem auf die Erde und deren Entwicklung. Wenn wir zurückblicken, stellen wir fest, wie während seiner Regentschaft (wie ein solcher Zeitraum von 350 Jahren üblicherweise bezeichnet wird) der Grundstein für die enorme Entwicklung auf dem Gebiet der Technik und Wissenschaft im 19. und 20. Jahrhundert gelegt wurde. Doch gleichzeitig begannen die sich Menschen allmählich von der geistigen Welt zu lösen. In unserer heutigen Zeit führte diese Entwicklung dazu, dass viele Menschen glauben, dass es überhaupt keine geistige Welt gibt.

Michaels Energien haben eine ganz andere Wirkung: Sie wollen uns die geistige Welt eben gerade wieder bewusst machen und uns lehren, spirituell zu denken. Das bedeutet, dass wir uns ab 1879 allmählich wieder der geistigen Welt bewusst werden können. Es ist daher auch Michael, der nach dem Ende des Kali-Yuga im Jahr 1899 sehr langsam und ganz allmählich begann, den Vorhang beiseite zu ziehen, der die Erde von der geistigen Welt abschirmt. Er ist es auch, der es uns ermöglicht, spirituelle Erfahrungen zu sammeln – Erfahrungen, die uns helfen, uns der geistigen Welt wieder bewusst zu werden.

Die Impulse von Michael

Wir können die spezifischen Impulse, die Michael in unserer heutigen Zeit in uns setzt, ganz leicht erkennen:

- Zunächst einmal legt er uns eine große Sehnsucht nach Freiheit ins Herz. Dieses zunehmende Verlangen nach Freiheit können wir in allem erkennen: In uns selbst, in allen Arten von politischen Freiheitsbewegungen, doch zum Beispiel auch in der Leichtigkeit, mit der wir über eine rote Ampel fahren, wenn niemand kommt.

Es ist eine Freiheit, die wir brauchen, um uns von Gurus und anderen Autoritäten zu befreien. Dadurch wird es möglich, den Weg nach innen einzuschlagen und zu lernen, auf unser eigenes Wissen, unser Gewissen und die leise Stimme unseres Herzens zu hören.

- Wir werden jedoch lernen müssen, mit dem Geschenk der Freiheit sorgsam umzugehen. Wir werden nämlich von allen Arten von Autoritäten befreit, wir müssen nicht mehr den Beruf unserer Eltern wählen, wir dürfen unseren eigenen Glauben wählen (oder ihn ablegen) und so weiter. Das kann uns egoistisch machen. Aber das muss nicht sein – schließlich können wir das Geschenk der Freiheit auch auf andere Weise nutzen, sowohl um innere Einkehr zu halten als auch, um anderen zu helfen. Darüber hinaus können wir die neue Freiheit auch nutzen, um unsere Ideale zu verwirklichen.

  Wenn wir auf diese Weise mit unserer (noch immer weiter wachsenden) Freiheit umgehen, bedeutet dieses Geschenk nicht nur, dass wir frei sind »von…« – schließlich würde das nur wachsenden Egoismus bedeuten – sondern auch, dass wir frei sind »für…«.

- Michael legt auch eine tiefe Sehnsucht nach Authentizität in unsere Herzen, insbesondere nach Authentizität in Beziehungen. Wo wir das Herz des anderen nicht erreichen können, weil der andere sein Herz verschlossen hält, zerbricht Freundschaft oder Liebe schließlich daran. Weil wir es einfach nicht mehr ertragen, gegen eine Mauer zu laufen. Das ist heute einer der Hauptgründe für Scheidungen und den Bruch von Beziehungen.

- Michael zeigt uns – wie wir gesehen haben – den Weg nach innen und lehrt uns, ehrlich auf uns selbst zu schauen, auf das, was wir sind. So lehrt er uns, uns unserer hellen, sonnigen, aber auch unserer Schattenseiten bewusst zu werden. Warum? Weil wir uns – indem wir an uns selbst arbeiten – unserer selbst bewusst werden und so unser Bewusstsein (oder, wie Rudolf Steiner es nennt, unsere Bewusstseinsseele) aufbauen müssen, damit der Christus darin geboren werden kann.

Schließlich ist Michael ja der Wegbereiter Christi, auch in unseren eigenen Herzen. Der Christus kann nur dann in uns als unserem höheren Selbst geboren werden, wenn wir unsere Bewusstseinsseele (zumindest teilweise) aufgebaut haben.

- Wie wir weiter oben gesehen haben, macht er uns auch der geistigen Welt bewusst: Wenn wir uns dieser Welt nicht bewusst werden, werden wir einsam, haben Angst vor dem Tod und verlieren das Bewusstsein, dass unser Leben auf Erden einen tiefen Sinn hat. Jeden Tag, den wir auf Erden verbringen dürfen, können wir etwas Neues lernen und neue Einsichten und Fähigkeiten gewinnen.

- Das Gefühl der Sinnlosigkeit bildet in vielen Fällen den Hintergrund für das, was als »vollendetes Leben« bezeichnet wird: Die Entscheidung alter (älterer) Menschen, nicht mehr mit einem schlotternden Körper weiterleben zu wollen, weil sie das Gefühl haben, dass ihr Leben vollendet ist. Aber vom esoterischen Christentum aus betrachtet man jeden Tag, den wir hier auf der Erde leben, als eine Gelegenheit, Einsicht zu gewinnen und geistig zu wachsen.

- Michael will uns zu Weltbürgern machen. Das bedeutet, dass wir uns von der Gruppe, zu der wir gehören, ein wenig lösen müssen, um Weltbürger zu werden. Wir mögen Niederländer oder Deutsche, Christen oder Muslime, Männer oder Frauen sein – und das bleiben wir auch alle – aber wir sind mehr als das: Wir sind vor allem Weltbürger. Daher werden wir lernen müssen, alle Menschen als unsere Nächsten zu betrachten, ganz gleich aus welchem Milieu auch immer sie stammen mögen.

Nicht zuletzt aus diesem Grund werden von Michael alle möglichen Religionen, Kulturen und Völker miteinander vermischt. Denken Sie beispielsweise an den Zustrom so vieler Menschen mit einem ganz anderen kulturellen und religiösen Hintergrund in unser Land. Die Begegnung mit diesen Menschen, die anders denken, anders glauben und anders leben, soll uns helfen zu lernen, den Schritt zum Weltbürgertum ganz bewusst zu tun.

- Michael möchte außerdem, dass wir unser niederes Denken auf eine höhere Ebene des Denkens heben – auf die spirituelle Ebene. Seitdem die Menschheit zunehmend ein eigenes Denken entwickelt hat, hat es sich vor allem zu einer Form des Denkens entwickelt, mit dem man die Materie verstehen lernt und von dem ausgeht, was sichtbar ist und bewiesen werden kann.

  Aber wenn wir uns mit der geistigen Welt verbinden wollen, brauchen wir eine höhere, spirituelle Denkweise, dank derer wir lernen, über den Tellerrand hinaus zu schauen, und dank derer wir imstande sind, unsere spirituellen Erfahrungen zu verstehen sowie uns mithilfe unseres (höheren, spirituellen) Denkens mit der geistigen Welt zu verbinden.

Die Bereitschaft, an das zu glauben, was uns jemand anderes (z.B. der Pastor oder der Pfarrer) erzählt, schwindet mehr und mehr. Stattdessen benötigen wir unser eigenes höheres spirituelles Denken, das uns wieder mit der geistigen Welt verbinden kann. Der Kampf zwischen Ahriman und Michael findet vor allem auf folgender Ebene statt: Ahriman will unser (niederes) Denken im Griff eines banalen Materialismus halten, Michael jedoch will unser Denken zu einem spirituellen Denken erheben.

Eine stürmische Periode

Nun wissen wir, dass die Energien Michaels gewaltig sind. Somit ist eine michaelische Zeit immer auch eine stürmische Ära voller schockierender Ereignisse und tiefgreifender Veränderungen. Aus diesem Grund wird Michael fast immer mit dem Schwert in der Hand dargestellt – ein Zeichen der geistigen Kraft, mit der er agiert.

Das letzte Mal, als Michael Regent war und die Menschheit führen durfte, geschah in der Zeit Alexanders des Großen (356 – 323 v. Chr.), des Königs von Makedonien, der jung gestorben ist und nur dreiunddreißig Jahre alt wurde, der aber dennoch großen Einfluss auf die Entwicklung der Menschheit genommen hatte. Es war eine Zeit ständiger Kriege und großer kultureller Veränderungen, die für die Geschichte der Menschheit entscheidend waren.

Auch die gegenwärtige Michaels-Periode wird eine heftige Periode werden (und ist es bereits). Deshalb stehen wir vor folgender Herausforderung: »Wie gehen wir mit den Stürmen, Krisen und großen kulturellen Veränderungen unserer Zeit um? Verstehen wir, warum sie uns überkommen und was wir von ihnen lernen können?« Die Antwort auf diese Fragestellung wird über die Zukunft der Menschheit entscheiden.

Die praktische Vertiefung esoterischer Erkenntnisse

Wir haben bereits gesehen, wie stark Michaels Inspirationen bis in das Alltagsleben des Menschen hineinwirken. Denken Sie nur daran, wie wir in unserer heutigen Zeit mit Beziehungen umgehen. Aber es geht noch einen Schritt weiter. Ich habe dargelegt, dass Michael uns zu einem höheren, spirituellen Denken führen möchte. Versuchen wir jedoch, dieses höhere Denken in uns selbst zu verwirklichen, stehen wir plötzlich vor einer großen Aufgabe, nämlich, die Gesellschaft, von diesem spirituellen Denken ausgehend, zu reformieren und zu organisieren.

Denken Sie in diesem Zusammenhang – um nur eine Sache zu nennen, die ich bereits erwähnt habe – an folgendes Beispiel: Die Erde ist ein Lebewesen. Sie hat eine Seele und einen Geist. Unsere Landwirtschaft muss daher Rücksicht auf diese Seele und diesen Geist der Erde nehmen. Die herkömmliche Landwirtschaft betrachtet die Erde jedoch rein materiell. Die biologische Landwirtschaft tut das im Grunde ebenfalls – sie will nur kein Gift verwenden, weil es schlecht für den Menschen ist. Die biologisch-dynamische Landwirtschaft hingegen berücksichtigt die Seele und den Geist der Erde und mobilisiert diese spirituellen Kräfte beim Anbau von Feldfrüchten. An diesem Beispiel der biologisch-dynamischen Landwirtschaft sehen wir, dass esoterische Einsichten direkte Konsequenzen für das Handeln der Menschen auf der Erde und für unsere Lebensweise haben können.

Dasselbe gilt für die Erziehung: Es ist von größter Bedeutung, dass ein heranwachsendes Kind nicht nur seinen Körper, sondern auch seine Seele richtig entwickeln kann, so dass es zu einem angemessenen, geeigneten Kanal für den Geist oder das Selbst wird. Deshalb muss sich die Erziehung vor allem auch auf diese Entwicklung konzentrieren – und nicht nur auf den Transfer von Wissen oder Fähigkeiten. In der heutigen Zeit ist es deshalb von größter Bedeutung, dass ein Kind Selbsterkenntnis gewinnt und lernt, mit anderen und darüber hinaus auch mit seinen eigenen Emotionen umzugehen. Aus diesen Erkenntnissen ist die Waldorf-Pädagogik entstanden.

Christian Rosenkreutz

Dasselbe gilt für die anthroposophische Heilkunde, sie berücksichtigt die Seele und den Geist des Menschen und ihre Wirkung auf den physischen Körper. Rudolf Steiner hat seine esoterischen Erkenntnisse auch auf viele weitere Bereiche der Gesellschaft angewandt – auf unsere Lebensweise, auf unseren Umgang mit uns selbst und auf unseren Umgang mit der Erde und der Gesellschaft. All dies ist übrigens etwas ganz Besonderes: Noch nie zuvor wurden esoterische Erkenntnisse nicht nur so publik gemacht, wie Rudolf Steiner es tat – sie wurden auch noch nie so konkret im Alltag angewandt.

Rudolf Steiner sieht in der Anthroposophie eine Aktualisierung der Erkenntnisse von Christian Rosenkreutz (1378 – 1484).[88] Weil sich der Mensch seit der Zeit von Christian Rosenkreutz so grundlegend verändert hat, kommen die Erkenntnisse von Christian Rosenkreutz heute auf ganz neue Weise zum Vorschein. Dieser neue Weg bedeutet, dass Rudolf Steiner das alte Rosenkreuzer-Wissen so vermittelt, dass der heutige Mensch es mit seinem Denken verstehen kann (und es deshalb nicht nur glauben muss). Wegen dieser völlig neuen Form erhielt dieses Wissen auch einen neuen Namen und wurde »Anthroposophie« genannt – »die Weisheit vom Menschen«.

Das Wirken Michaels war für Rudolf Steiner so wichtig, dass er in der letzten Phase seines Lebens – und sogar noch während der Krankheit, an der er sterben sollte – eine Fülle neuer Erkenntnisse über Michael vermittelt hat. Es war, als wolle er uns diese Einsichten besonders ans Herz legen, bevor er sterben sollte. Deshalb dürfen wir das Wissen um die Mission Michaels auch als das Testament Rudolf Steiners bezeichnen.

Das macht Mut

Zu Beginn dieses Kapitels habe ich über den spirituellen Kampf zwischen Michael und Ahriman gesprochen.[89] Ich habe auch in den vorangegangenen Kapiteln bereits aufgezeigt, dass sich dieser Kampf hauptsächlich auf das Denken des Menschen konzentriert. Wird es noch banaler und materialistischer werden, als es bereits ist, oder wird es ein Erwachen des spirituellen Denkens im Menschen geben? Wird ein Bewusstsein für die Realität der geistigen Welt erwachen? Um Letzteres zu ermöglichen, arbeitete und arbeitet Rudolf Steiner eng mit Michael zusammen, der aus der feinstofflichen Welt auf uns einwirkt. Beide wollen uns helfen, jene Schritte zu unternehmen, die uns zu einem Menschen machen, der innerlich spirituell aktiv wird und dabei lernt, spirituell zu denken. Aber wie lernen wir das? Zum Beispiel, indem wir uns dem Wissen widmen, das ich in diesem und in früheren Kapiteln dargelegt habe – diese Erkenntnisse bilden nämlich einen starken Impuls für die Entwicklung spirituellen Denkens.

Wir können spirituelles Denken durch das Studium der Geisteswissenschaften entwickeln, wie Rudolf Steiner seine Erkenntnisse gewöhnlich zusammenfassend bezeichnete. Wir müssen dabei jedoch unbedingt wissen, dass wir uns die Geisteswissenschaften nur zu eigen machen können, wenn wir bereit sind, an uns selbst zu arbeiten, wenn wir bereit sind, uns dem spirituellen Wachstum zu widmen. Anders ausgedrückt: Den Einweihungsweg zu gehen, ist eine Grundvoraussetzung für das Erlernen spirituellen Denkens.

Übrigens finde ich es äußerst ermutigend zu erleben, dass sich immer mehr Menschen, und vor allem immer mehr junge Menschen dieser Aufgabe widmen möchten. Sie entwickeln überall auf der Welt alle möglichen Initiativen, um dem spirituellen Denken in den verschiedenen Bereichen unserer Gesellschaft konkrete Gestalt zu verleihen.

Nachwort zum Teil I

Natürlich gibt es zu den Einsichten, die Rudolf Steiner uns geschenkt hat, noch viel mehr zu sagen. Er hat zu so vielen Themen, aber auch zu so vielen *verschiedenen* Themen, wichtige und innovative Einsichten vermittelt.

Für dieses Buch habe ich eine individuelle Auswahl der Themen getroffen, die mich persönlich berühren – insbesondere Themen aus dem Blickwinkel des esoterischen Christentums, dem ich mich seit vielen Jahren widme.

Andere Menschen mit einem anderen Hintergrund und einem anderen Schwerpunkt würden hingegen wahrscheinlich eine andere Auswahl treffen.

Glauben Sie also nicht, dass Sie jetzt einen Überblick über alle Themen haben, die Rudolf Steiner in seinen Vorträgen erläutert hat, sondern studieren Sie sein Werk selbst. Wenn der Überblick in diesem Buch Sie dazu inspiriert, dann habe ich mein Ziel erreicht!

Für diejenigen, die tiefer in die Materie eintauchen wollen, gibt es eine Reihe von Büchern, die man als Rudolf Steiners grundlegende Werke bezeichnen könnte:

- Die Philosophie der Freiheit[90]
- Theosophie[91]
- Die Wissenschaft von den Geheimnissen der Seele[92]
- Wie erlangt man Erkenntnisse der höheren Welten?[93]

Lesen Sie ganz ungezwungen im Werk von Rudolf Steiner. Sie müssen nicht gleich jedes Buch gründlich durchlesen – holen Sie sich stattdessen die Themen und Kapitel aus dem Buch heraus, die Sie im Augenblick beschäftigen.

Ein niederländischer Professor fragte ihn einmal, wie man seine Bücher lesen solle: »Man kann nicht einmal die Bücher zum eigenen Fachgebiet überblicken«, sagte er. »Ganz zu schweigen von all den anderen Büchern.«

Rudolf Steiner antwortete: »Mein lieber Herr Professor, ich glaube nicht, dass Sie es auf die richtige Weise anpacken. (…) Sie müssen die Bücher und Zeitschriften nicht von A bis Z durchlesen. Sie müssen sie gleich an der richtigen Stelle aufschlagen.« Der Professor fragte: »Und welche ist die richtige Stelle?«

Rudolf Steiner antwortete: »Die Stelle, auf die es ankommt (…), wo das Wesentliche steht – das Charakteristische, das, was der Autor eigentlich zu sagen hat.«[94]

Teil II

Der Lebensgang Rudolf Steiners

12.

Der junge Rudolf

Seine Geburt

Rudolf Steiner wurde am 25. Februar 1861 im Dorf Kraljevec im heutigen Kroatien geboren.[95] Zu jener Zeit gehörte das Dorf zur österreichisch-ungarischen Doppelmonarchie. Der Name seines Heimatdorfes Kraljevec bedeutet »Königssitz«. Vielleicht könnte man diesen Namen so interpretieren, dass dort, in Kraljevec, »der König des Geistes« geboren wurde.[96] Zwei Tage später, am 27. Februar 1861, wurde er in der katholischen Kirche, fünf Kilometer entfernt im Nachbardorf Draskovec, getauft. Bei der Taufe erhielt er den Namen Rudolf Joseph Lorenz Steiner.[97]

Es gibt auffallende Besonderheiten, die mit seiner Geburt verbunden sind. Seine Eltern waren Österreicher, die aus Zentralösterreich stammten. Sein Vater arbeitete zwar bei der österreichischen Eisenbahn, war jedoch als Telegraphist und Bahnhofsvorsteher in Kraljevec beschäftigt, einem Dorf, das zu Ungarn gehörte, in dem aber hauptsächlich Kroaten lebten. Deshalb hörte Rudolf Steiner in seinen ersten Lebensjahren neben Deutsch (mit österreichischem Akzent) vor allem auch serbo-kroatisch. Aber nicht nur die Sprache war anders, auch die Sitten und Gebräuche waren anders als die, die Rudolf zu Hause von seinen Eltern lernte. Von Geburt an war er also ein Fremder in einem vorwiegend slawischen Gebiet. Und genau das: Die Fremdartigkeit – die Tatsache, dass er nirgendwo hingehörte und in gewissem Sinne ein Fremder auf Erden war – wurde charakteristisch für sein Leben. Nicht umsonst sprach er im Alter von vierzig Jahren von »Heimatlosigkeit« – das Gefühl, das ihn von Kindheit an begleitet hatte.

Nach der Geburt wurde der kleine Rudolf von der Hebamme in Tücher gewickelt. Sie bemerkte jedoch nicht, dass die Nabelschnur nicht richtig abgebunden worden war. Nach einigen Stunden färbten sich die Windeln blutrot. Erst da wurde dieser Fehler bemerkt. Es war ein Ereignis, das fast zum Tod des kleinen Rudolf führte. Wir können diesen Fehler – meiner Meinung nach – als einen (ersten) Angriff von Ahriman betrachten. Ahriman und die Seinen wollten dem irdischen Leben Rudolf Steiners gleich zu Beginn ein Ende setzen, um so das Geschenk der großen Erkenntnisse, die er uns zu geben hatte, unmöglich zu machen. Sein gesamtes weiteres Leben sollte im Zeichen von Ahrimans ständigem Widerstand und dem Kampf gegen Ahriman stehen.

Das älteste von drei Kindern

Rudolf war das erste Kind von Johann Steiner und seiner Frau Franziska Steiner-Blie. Später bekamen sie noch zwei weitere Kinder: Leopoldine, die 1864 geboren wurde, als Rudolf drei Jahre alt war, und Gustav, der 1866 geboren wurde, in dem Jahr, in dem Rudolf fünf Jahre alt wurde. Gustav war taubstumm und hatte ein geistiges Handicap. Natürlich hatte die ständige Sorge um Gustav einen großen Einfluss auf die ganze Familie, einschließlich Rudolf. Die Tatsache, dass er in seinem späteren Leben die besonderen Anweisungen vermitteln konnte, aus welchen die Heilpädagogik entstehen konnte, ergab sich (auch) aus seinen Erfahrungen mit Gustav. Sowohl Leopoldine als auch Gustav überlebten ihren Bruder Rudolf: Leopoldine starb zwei Jahre nach Rudolf im Jahr 1927 und Gustav 1941.

Rudolf Steiner selbst erzählte von seinen Eltern: »Mein Vater war ein durch und durch wohlwollender Mann, aber mit einem Temperament, das, namentlich als er noch jung war, leidenschaftlich aufbrausen konnte. Der Eisenbahndienst war ihm Pflicht; mit Liebe hing er nicht an ihm. Als ich noch Knabe war, musste er zu Zeiten drei Tage und drei Nächte hindurch Dienst leisten. Dann wurde er für vierundzwanzig Stunden abgelöst. So bot ihm das Leben nichts Farbiges, nur Grauheit. Meine Mutter musste, da Glücksgüter nicht vorhanden waren, in der Besorgung der häuslichen Angelegenheiten aufgehen. Liebevolle Pflege ihrer Kinder und der kleinen Wirtschaft füllten ihre Tage aus.«[98]

Zwei Welten: Natur und Technik

Sein Vater wurde regelmäßig versetzt. Als Rudolf zwei Jahre alt war, zog die Familie nach Pottschach. In den Jahren, die er dort verbrachte, lebte er in zwei Welten, die einander diametral entgegengesetzt waren: Die Welt der Natur auf der einen Seite und andererseits die Welt der Technik, der er auf dem Bahnhof in allen möglichen Formen begegnete – Signalmasten, Züge, Telegraphie und so weiter.

Mit der Natur fühlte er sich eng verbunden – dort fühlte er sich zu Hause. Er konnte stundenlang allein in der Natur spielen, vor allem im Wasser der Quellen, die dort zu finden sind. Er kannte die Berge, die er in der Ferne liegen sah, beim Namen und erlebte sie als Lebewesen, jedes mit seinem eigenen Charakter und seinem Geistwesen. Er lauschte dem Wind, der durch die Bäume pfiff, und hörte, was die Elementarwesen des Windes ihm sagen wollten. Er sah, was die Wolken ihm offenbaren wollten. Er ging auch mit all den anderen Naturwesen – den Erd-, Luft-, Feuer- und Wasserwesen – die dort in großer Zahl in der Natur anzutreffen waren, ganz natürlich um. Deshalb fühlte er sich in der Natur nie allein.

Die Welt der Natur bot ihm auch weiterhin sein Leben lang die Geborgenheit, die er in der Menschenwelt so oft missen musste. In seinen Vorträgen erzählte er später, wie der Adept lernt, die Sprache der Pflanzen zu verstehen: In den Blumen drückt der irdische Geist das aus, was ihn beseelt und bewegt. Damals schon, als Kind, erlebte er bereits den Erdgeist als Lebewesen und verstand die Sprache der Pflanzen, obwohl er erst später die richtigen Worte fand, um diese Erfahrung zu beschreiben.

Rudolf war auch gerne am Bahnhof. Er sah, was sein Vater tat, um die Züge zum Stehen zu bringen und wieder in Gang zu setzen. Er sah zu, wie sein Vater die Signale betätigte, und schaute auch zu, wenn er telegraphierte. Es war eine Welt der Technik, die ihn ungemein faszinierte und die so ganz anders war als die lebendige Stille der Natur. In ihm lebte ein starker Drang, diese wunderbare Welt der Technik zu verstehen und zu ergründen.

Eine hellsichtige Erfahrung

Dort, in Pottschach, ging er im Alter von sechs Jahren zur Schule. Aber er blieb nicht lange dort. Der Sohn des Schulleiters hatte in alle Tintenfässer einen Holzspan getaucht, so dass es bald zu einer großen Aufregung kam, als die Kinder schreiben mussten. Doch der Sohn des Lehrers gab Rudolf (zu Unrecht) die Schuld. Als er das zu Hause erzählte, wurde sein Vater wütend. Er konnte Ungerechtigkeit nicht ertragen. Also nahm er seinen Sohn von der Schule, um ihn zu Hause selbst zu unterrichten. Im Nachhinein betrachtet mag dies für die Entwicklung Rudolfs förderlich gewesen sein – oft wird nämlich die geistige Entwicklung eines Kindes, das dazu bestimmt ist, ein großer Meister zu werden, durch die Erziehung gestört. Das Kind hat dann nicht die Möglichkeit, das tiefere Wissen, das in seiner Seele eingeschlossen ist und das vor allem in einer Atmosphäre der Stille, des

Kontaktes mit der Natur und den Tieren, an die Oberfläche kommen und bewusst werden kann, in aller Ruhe zur Entfaltung zu bringen. Es ist vielsagend, dass Rudolf Steiner den Unterricht, den er erhielt, einmal als »Qual für die Seele« bezeichnete.

In Pottschach erlebte er etwas, das für seine weitere Entwicklung wichtig werden sollte. Eines Tages spielte er allein in der Wartehalle des Bahnhofs. Rudolf Steiner berichtete über das, was damals geschah, Folgendes: »Die Schwester meiner Mutter war auf tragische Weise ums Leben gekommen. Das Dorf, in dem sie lebte, war ziemlich weit von unserem entfernt. Meine Eltern erhielten keine Nachricht. Als ich in der Wartehalle des Bahnhofs saß, sah ich, wie sich das ganze Ereignis vor meinen Augen abspielte. Ich machte im Beisein meines Vaters und meiner Mutter einige Andeutungen darüber. Sie sagten nur: »Du bist ein dummer Junge.« Nach einigen Tagen sah ich, wie mein Vater nach dem Lesen eines Briefes ganz nachdenklich in Gedanken versank, und dann, ohne mein Beisein, einige Tage später mit meiner Mutter sprach, die daraufhin tagelang weinte.«[99]

In dem Brief stand, dass sich seine Tante das Leben genommen hatte, genau so, wie Rudolf es wahrgenommen hatte – und zwar genau in dem Moment, als es geschah. Er hatte sie jedoch niemals gesehen. Die Reaktion seiner Eltern lehrte ihn, dass er besser nicht über Dinge sprechen sollte, die er hellseherisch wahrnahm, die andere jedoch offensichtlich nicht sahen.

Rudolf Steiners hellseherische Erfahrungen waren von großer Klarheit und Intensität – sie berührten ihn tiefer als die Wahrnehmungen im Alltagsleben. Sie hinterließen einen tieferen Eindruck als die »normalen« Sinneswahrnehmungen und wurden deshalb mit großer Klarheit in Erinnerung behalten. Obwohl er mit anderen nicht darüber sprechen konnte – schließlich verstanden es ja nicht einmal seine

Eltern – dachte er viel über sie nach, gerade weil diese Bilder und Erfahrungen so eindringlich waren und er darüber folglich sehr intensiv nachdenken musste.

Ein außergewöhnliches Genie

Als er sieben Jahre alt war, zog die Familie an einen anderen Bahnhof, nach Neudörfl, das früher (heute nicht mehr) ganz im ungarischen Teil des damaligen Kaiserreiches lag. Dort wurde er auch mit der ungarischen Sprache vertraut. Auch später im Leben blieb er in der Lage, Bücher in ungarischer Sprache zu lesen.

Nach diesem Umzug schickte ihn sein Vater zurück an die Schule, nun in Neudörfl. Zudem sorgte er dafür, dass Rudolf zusätzlich Hausunterricht erhielt. Er wollte seinem Sohn die bestmögliche Ausbildung zukommen lassen, so dass seine Kinder später im Leben mehr erreichen würden als er selbst. Im Haus des Privatlehrers, der die Nachhilfe gab, entdeckte Rudolf einmal ein auffälliges Buch mit allerlei Zeichnungen, das sofort seine Aufmerksamkeit erweckte. Es war ein Buch über Metrologie – ein Geometriebuch. Weil ihn das Buch so faszinierte, durfte er – ein neunjähriger Junge – das Buch des Lehrers mit nach Hause nehmen. Dort las er es eifrig und mit großer Aufmerksamkeit. Es berührte ihn zutiefst: »Der pythagoreische Lehrsatz bezauberte mich«, erzählte er selbst darüber.[100] »Wochenlang war meine Seele ganz erfüllt von der Kongruenz, der Ähnlichkeit von Dreiecken, Vierecken, Vielecken. Ich zergrübelte mein Denken mit der Frage, wo sich eigentlich die Parallelen schneiden.«

Warum war er von diesem Buch, das er viele Male lesen musste, bevor er begann, seinen Inhalt ein wenig zu verstehen, so tief berührt? Weil er in den geometrischen Theoremen, den Axiomen und den geometrischen Figuren, die in diesem Buch erläutert werden, eine Welt fand, die für unsere Sinne so verborgen und unsichtbar ist wie die Welt seiner hellseherischen Erfahrungen. Schließlich konnte man sich die mathematischen Axiome und Theoreme nur virtuell vorstellen – man konnte sie nirgendwo auf der Erde konkret finden und beobachten. Man denke nur an den Schnittpunkt zweier paralleler Linien. Für ihn war das ein Beweis dafür, dass die hellseherischen Erfahrungen, die er machte, genauso Wirklichkeit waren, und dass man sich die verborgene Welt, aus der diese hellseherischen Erfahrungen stammten, genauso klar und logisch vorstellen konnte wie die geometrischen Figuren.

Es ist etwas ganz Besonderes, dass ein neunjähriger Junge auf diese Weise an dem grundlegenden Problem der westlichen Philosophie arbeitet. Aber er ist nicht das einzige Wunderkind: Man kann an Persönlichkeiten wie Pascal und Mozart denken, die im gleichen Alter die Welt mit ihrem außergewöhnlichen Genie in Staunen versetzten. Der Unterschied zu Rudolf Steiner, den man ja zweifelsohne als philosophisches Wunderkind bezeichnen könnte, besteht darin, dass seine Umgebung kaum mitbekam, was hier vor sich ging.[101] Sein Umfeld sah in ihm nur den freundlichen, aufmerksamen Jungen, einen guten Schüler, aber nicht mehr als das. Doch die Tatsache, dass er im Grunde ein außergewöhnliches Genie war, wurde in seiner Jugend nicht erkannt. Glücklicherweise, denn es erlaubte ihm, im Stillen und unauffällig zu dem großen Meister heranzureifen, der er wurde und in seinem tiefsten Inneren war.

Einsamkeit

In Neudörfl wurde er auch Messdiener in der Kirche, denn sein Privatlehrer war Organist und ließ die Schüler bei Messen, Totenfeiern und Beerdigungen als Messdiener und Chorknaben dienen. In der Zwischenzeit hatte sich Vater Steiner vom Katholizismus abgewandt, aber er hatte nichts dagegen, dass sein Sohn Messdiener wurde und im Chor mitsang.

Der Kult und die Rituale in der Kirche wurden für Rudolf sehr wichtig. Er erlebte in ihnen eine tiefe geistige Wirklichkeit. Neben der Metrologie oder Geometrie war der Kult für ihn die zweite Brücke, die den Menschen von der Sinnenwelt in die geistige Welt führte. So fand er im Kult auch die Bestätigung des tiefen inneren Wissens, dass seine spirituellen oder hellseherischen Erfahrungen Wirklichkeit und keine Erfindung oder Phantasie waren. Die Realität dieser Erfahrungen war für ihn so klar und deutlich, dass er in keiner Weise an ihrer Echtheit zweifelte. Doch er wollte die Realität und Authentizität der geistigen Welt – und damit seiner hellseherischen Erfahrungen – mithilfe des Denkens aufzeigen und beweisen.

Wenn ich versuche, mich in den kleinen Rudolf hineinzuversetzen, berührt es mich, dass er im Grunde schon als Kind so einsam war. Das Leben mit seinen hellseherischen Erfahrungen machte ihn einsam, weil er mit niemandem darüber sprechen konnte. Er konnte auch nichts über seine Suche nach einer Rechtfertigung für diese Erfahrungen mit anderen teilen, obwohl ihn dieses Thema doch Tag und Nacht beschäftigte. Diese Einsamkeit zeichnete ihn: Auf den meisten Fotos, die ihn als erwachsenen und älteren Mann zeigen, kann man sie an seinem Gesicht ablesen. Wenn man es wagt, das Gefühl dieser Einsamkeit in sein eigenes Herz einzulassen und ein wenig in sie hineinzuspüren, beginnt man etwas von der Schwere des Lebensweges Rudolf Steiners zu erspüren.

Die Mittelschule

Im Alter von elf bis achtzehn Jahren besuchte Rudolf Steiner die Mittelschule – die »Realschule« in der Wiener Neustadt. Sein Vater hoffte, dass sein ältester Sohn Eisenbahningenieur werden würde, und entschied sich deshalb für diese Schule und nicht für das Gymnasium. An jedem Schultag fuhr Rudolf morgens mit dem Zug von Neudörfl nach Wiener Neustadt und kam nachmittags zu Fuß zurück, weil zu dieser Uhrzeit kein Zug fuhr. Es war ein Spaziergang von über einer Stunde, der im Sommer ganz angenehm, im Winter jedoch beschwerlich war, weil der Schnee dann oft Kniehöhe erreichte. Doch zum Glück kam ihm seine kleine Schwester Leopoldine meist am Dorfrand entgegen und nahm ihm die schwere Büchertasche für das letzte Stück des Heimweges ab.

Es war in der Tat eine große Transformation: Er war ein Dorfjunge und ein ausgesprochen naturverbundener Mensch. Aber Wiener Neustadt war eine Stadt. Es kostete ihn daher große Mühe, sich an das geschäftige Stadtleben zu gewöhnen. Er träumte ein wenig wie »Hänschen klein«, angesichts des Stadtlebens in der weiten Welt, wo die Menschen in den hässlichen Straßen gleichgültig aneinander vorbei gingen und die geschlossenen Häuserzeilen das Leben verbargen, das er nicht kannte, nicht verstand.[102]

Jedes Kind braucht, während es heranwächst, Menschen, zu denen es respektvoll aufschauen kann. Rudolf fand ein solches Vorbild in seinem Mathematiklehrer in der Schule. Dieser Mann konnte die mathematischen Prinzipien außerordentlich klar erklären, und genau das war es, wonach Rudolf (als Kind) auf der Suche war.

Auf dem Heimweg von der Schule kam er jeden Tag an einer Buchhandlung vorbei. Regelmäßig blieb er dort stehen, um sich die Bücher im Schaufenster anzuschauen. Eines Tages sah er das berühmte Buch von Immanuel Kant: »Kritik der reinen Vernunft«. Als er dieses Buch sah, spürte er sofort: »Ich muss dieses Buch haben.« Er wusste nicht einmal, warum, aber der Drang, dieses Buch in die Hände zu bekommen, war unwiderstehlich stark. Glücklicherweise war es in einer billigen Taschenausgabe veröffentlicht worden. Deshalb gelang es ihm auch bald, das Geld zusammenzukratzen und das Buch zu kaufen.

Doch dann tauchte folgendes Problem auf: Er musste Zeit finden, um dieses Buch zu studieren, und das war nicht einmal so einfach. Jeden Tag verlor er drei Stunden an Wegzeit, und am Abend musste er zahlreiche Schulaufgaben machen. Außerdem gab er sich an Sonntagen dem konstruktiven Zeichnen hin. Wann sollte er also das Buch von Kant studieren?

Schon bald entwickelte er eine besondere Methode. Der Geschichtslehrer hatte die Angewohnheit, einfach nur aus dem Lehrbuch vorzulesen, das jeder Schüler vor sich auf dem Schulpult liegen hatte. Da kam Rudolf auf die Idee, dass er auch zu Hause nachlesen könnte, was der Lehrer vorlas. Deshalb löste er die Seiten aus Kants Taschenbuch und klebte sie nacheinander in sein Geschichtsbuch ein; und während der Lehrer vorlas, studierte Rudolf die Erkenntnisse Kants. Oft musste er jede Seite mehr als zwanzig Mal lesen, bevor er begann, den Inhalt ein wenig zu verstehen, aber er tat dies gerne. Übrigens erzielte er in Geschichte vorzügliche Noten!

Ab seinem fünfzehnten Lebensjahr erteilte Rudolf seinen Mitschülern Nachhilfeunterricht – auf diese Weise konnte er sich auch an den Kosten seiner Ausbildung beteiligen. Er selbst sagte, dass er dadurch gezwungen war, sich mit praktischer Psychologie zu beschäftigen, und dass er im Umgang mit seinen Schülern lernte, die Schwierigkeiten in der Entwicklung der menschlichen Seele zu ergründen.[103]

Ein besonderer Eingeweihter

Wenn wir die Jugend Rudolf Steiners betrachten, fällt uns eines besonders auf. Es wäre auf der Hand gelegen, dass er dank seiner hellseherischen Fähigkeiten ein Mystiker hätte werden können, der den Menschen große Visionen der geistigen Welt präsentiert und ihre Aufmerksamkeit ganz auf die geistige Welt lenkt. Damit wäre er zu einem Mann geworden, der sich nicht so sehr um das Alltagsleben kümmert, sondern vielmehr ganz und gar im kontemplativen Leben und in den Visionen aufgeht, die ihm dabei offenbart werden. Doch das war nicht der Fall ...

Der junge Rudolf wollte vor allem seine hellseherischen Erfahrungen verstehen. Deshalb suchte er schon als Kind nach Wissen über die Gesetze des logischen Denkens, um über diesen Weg Wissen über die Welt des Geistes zu gewinnen. Dadurch wurde er zu einem besonderen Eingeweihten – einem Eingeweihten, wie ihn die Welt noch nie zuvor gekannt hat. Nie zuvor haben wir einen großen spirituellen Weltenlehrer gesehen, der so deutlich gezeigt hat, was das Wissen um die geistige Welt – und damit auch das Wissen um das Wesen des Geistes – für den Alltag bedeutet.

Wir können diese charakteristische Lebenseinstellung bereits in seiner Jugend ablesen – an seiner Vorliebe für die Mathematik und dem dafür notwendigen klaren Denken, an seiner Auseinandersetzung mit dem Werk der großen Philosophen seiner Zeit, aber auch an seiner hingebungsvollen Hinwendung zum irdischen Leben, wie etwa der täglichen Pflege seines behinderten Bruders, seinem tiefen Wunsch, die Natur und die Naturgesetze zu verstehen und (später) die Seelen seiner Schüler zu ergründen.

13.

Von Wien über Weimar nach Berlin

Die Begegnung mit Schröer

Vater Steiner hatte mit der Eisenbahngesellschaft vereinbart, dass er auf einen kleinen Bahnhof in der Nähe von Wien versetzt wurde, sobald sein ältester Sohn die Abschlussprüfungen bestanden hatte und in Wien studieren durfte. So kam es, dass die Familie Steiner nach Inzersdorf zog. Damals lag das Dorf in der Nähe von Wien, heute ist es jedoch Teil der Stadt. Zu jener Zeit befand sich der Bahnhof in beträchtlicher Entfernung vom Dorf in einer unattraktiven Umgebung. Das war also ein Opfer, das die ganze Familie erbringen musste, um Rudolf das Studium in Wien zu ermöglichen.

Er schrieb sich für ein Studium an der Technischen Hochschule ein und wählte den Studiengang Naturwissenschaften, Biologie und Chemie – das war gewiss keine Fächerkombination für einen Mystiker, doch es ist sehr wohl eine verständliche Wahl für jemanden, der nach (dem Erwerb von) klarem logischen Denken strebt. Weil es als Student in seiner Wahl stand, so viele Vorlesungen zu belegen, wie er wollte, wählte er jede Menge Vorträge aus – sowohl an der Technischen Hochschule als auch an der Universität – und zwar solche, die ihn faszinierten und ihm helfen konnten, eine Antwort auf die Fragen zu finden, die ihn beschäftigten. Er besuchte insbesondere verschiedene Kurse in Philosophie.

Zu einem seiner Dozenten, Karl Julius Schröer, entwickelte sich eine innige Verbindung. Dieser Mann – Professor für deutsche Literaturgeschichte – wurde nicht nur sein Lehrmeister, sondern auch ein väterlicher Freund. Insbesondere seine Kurse über Goethe begeisterten Rudolf. Daher vertiefte er sich auch selbst in Goethe – zunächst in dessen literarisches Werk. Doch sehr bald schon weckte auch dessen weniger bekanntes naturwissenschaftliches Werk ebenfalls seine tiefe Bewunderung.

Auch als Student beschäftigte er sich weiterhin mit der geistigen Welt und damit, wie man diese Welt mit hellsichtigem, logischem Verstehen zugänglich machen könne. Er schrieb über seine Erfahrungen in jener Zeit: »Aber ich schaute doch eine geistige Welt als Wirklichkeit. Mit aller Anschaulichkeit offenbarte sich mir an jedem Menschen seine geistige Individualität.« Das bedeutete: Er konnte in jedem Menschen den Geist wahrnehmen, das höhere geistige Wesen, das normalerweise hinter dem irdischen Menschen verborgen liegt und meist als »unsere Individualität« bezeichnet wird. Zudem sah er, wie Geistwesen und Engel aktiv an der Erde und am Menschen wirken. Außerdem konnte er dem Weg eines Verstorbenen in die geistige Welt folgen. An dieser kurzen Zusammenfassung können wir ablesen, wie sehr er inzwischen in seiner Verbindung mit der geistigen Welt gewachsen war. Doch niemand wollte etwas davon hören, auch sein väterlicher Freund Julius Schröer nicht.[104]

Rudolf Steiner beschrieb Julius Schröer als einen hochgebildeten Idealisten mit einer inneren Vornehmheit. Doch er war auch jemand, der den Schritt zu einem konkreten Erleben der geistigen Welt nicht zu tun wagte. Ganz viele Menschen stehen eines Tages in ihrem Leben vor der Wahl: »Willst du eine bestimmte hellsichtige Erfahrung, etwa eine Astralreise oder was auch immer, zulassen oder nicht?« Die meisten Menschen schrecken in diesem Augenblick zurück. Dadurch wird die lebendige, direkte Verbindung zur geistigen Welt abgeschnitten, meist für immer (für das jetzige Leben, wohlgemerkt).

Offensichtlich galt das auch für Schröer. An sich ist das verständlich, denn es handelt sich meist um eine Erfahrung, die sich völlig unerwartet, in Sekundenschnelle, vollzieht und die meisten Menschen daher auch ängstlich zurückschrecken lässt. Doch als Schröer es wagte, so erzählt Rudolf Steiner, den Schritt zu einem konkreten Erleben des Geistes zu tun, seien bei ihm all die geistigen Erkenntnisse nach oben gestiegen. Auffallend und vielsagend ist in diesem Zusammenhang die starke Verbindung, die Schröer mit Goethe erfuhr: Rudolf Steiner sah in Goethes Werk bereits den Keim der Anthroposophie schlummern.

Begegnungen

Glücklicherweise lief ihm ein besonderer Mensch über den Weg, mit dem er sehr wohl über seine übersinnlichen Erfahrungen sprechen konnte – der Kräutersammler Felix Koguzki. Felix war ein einfacher Mann ohne jegliche Schulbildung oder Ausbildung. Er besaß jedoch eine tiefe Frömmigkeit und eine höchst besondere Weisheit – er konnte im Buch der lebendigen Natur lesen, und die geistige Welt war ihm vertraut.

Felix sammelte in den Wäldern rings um Wien Kräuter und brachte diese jede Woche in die verschiedenen Apotheken der Stadt – wobei er sein Bündel Heilkräuter auf dem Rücken trug. Rudolf begegnete ihm im Zug, und nahezu auf Anhieb entstand zwischen den beiden eine tiefe Freundschaft. Es war, so schrieb Rudolf Steiner später über ihre Freundschaft: »Als wenn ich mit einer Seele aus ganz alten Zeiten zusammen wäre, die unberührt von der Zivilisation, Wissenschaft und Anschauung der Gegenwart, ein instinktives Wissen der Vorzeit an mich heranbrächte. Wenn man mit ihm zusammen war, konnte man tiefe Blicke in die Geheimnisse der Natur tun.«[105]

Wir können lediglich vermuten, was diese Begegnung bei Rudolf ausgelöst haben mag. Wahrscheinlich viel; denn endlich begegnete er jemandem, der etwas von seinen Erfahrungen mit der geistigen Welt verstand und spürte. Endlich jemand, bei dem er sich aussprechen und der ihm Hinweise geben konnte. Die Begegnung mit Felix Koguzki war der Vorbote einer weiteren Begegnung – der Begegnung mit einem großen Meister. Über diese Begegnung wissen wir wenig: Nur ein einziges Mal hat Rudolf Steiner darüber gesprochen, und das noch mit äußerster Zurückhaltung.[106] Ebenso wie Felix war dieser Meister im normalen Leben eine unauffällige Person – schließlich hatten die Meister bis dahin immer im Stillen, im Verborgenen gewirkt.

Der Meister half Rudolf dabei, die Brücke zwischen Philosophie und Wissenschaft einerseits und der geistigen oder übersinnlichen Welt andererseits zu finden. Später fand das, was er an und mit diesem Meister erlebte, Niederschlag in seinem Buch: »Die Wissenschaft von den Geheimnissen der Seele« – ein Standardwerk für jeden, der etwas mehr über die Anthroposophie wissen möchte.[107] Ob es Felix war, der ihn mit diesem Meister in Kontakt brachte, oder ob sie einander auf eine andere Art und Weise begegnet waren, wissen wir nicht.

Seine besondere Aufgabe als Erzieher

Obwohl er introvertiert und auf seine Erfahrungen mit der geistigen Welt ausgerichtet sowie auf der Suche nach Antworten auf die Fragen war, die diese Erfahrungen in ihm aufwarfen, beteiligte er sich voll und ganz am Studentenleben in Wien. Er machte sich viele Freunde und war sehr gesellig.

Im Jahr 1884 nahm er neben seinem Studium eine Stelle in einer Wiener Familie an: Er wurde zum Erzieher eines zehnjährigen Jungen, Otto Specht, der an Hydrozephalus (im Volksmund auch »Wasserkopf« genannt) litt. Dadurch war dieser in seiner Entwicklung zurückgeblieben. Im Zuge dieser Aufgabe als Erzieher und Lehrer konnte Rudolf sein Wissen anwenden, das er bei der Versorgung seines Bruders Gustav gesammelt hatte, der ja taubstumm und zudem auch in geistiger Hinsicht zurückgeblieben war. Innerhalb von zwei Jahren konnte Otto dank der Begleitung von Rudolf das Gymnasium besuchen – ein doch sehr bemerkenswertes pädagogisches Resultat! Nach dem Gymnasium begann Otto sogar ein Medizinstudium und wurde Arzt. Auch diese Erfahrung ermöglichte es Rudolf Steiner später, die Anleitungen zu vermitteln, aus welchen die Heilpädagogik entstanden ist, die so besondere Fürsorge für Kinder mit Behinderungen.

Seine Jahre in Weimar

Nach seinem Studium zog Rudolf Steiner von Wien nach Weimar. Dort wurde er – auf Empfehlung von Julius Schröer – mit der Herausgabe von Goethes naturwissenschaftlichem Werk betraut. Goethes Enkel war einige Jahre zuvor gestorben und hatte den literarischen Nachlass seines Großvaters der Großherzogin Sophie von Sachsen-Weimar (der Tochter des niederländischen Königs Wilhelm II.) vermacht. Sie hatte daraufhin ein Goethe-Schiller-Archiv eingerichtet und wollte das Gesamtwerk Goethes (und auch Schillers) einschließlich Goethes bis dahin unbekannter Schriften veröffentlichen.[108] Aus diesem Grund zog Rudolf 1890 nach Weimar, wo er sieben Jahre lang am Goethe-Archiv arbeitete, um Goethes naturwissenschaftliche Manuskripte so aufzubereiten, dass sie veröffentlicht werden konnten.

In jenen Jahren schrieb er auch sein berühmtes Buch »Die Philosophie der Freiheit«. Darin erläutert er, dass all unser Wissen das Ergebnis zweier völlig unterschiedlicher Aktivitäten ist: Das der Beobachtung von Fakten (bestehend aus äußeren und inneren Phänomenen) und dem Nachdenken über diese Fakten. Für die Beobachtung, so sagt er, bleibt die Wirklichkeit fragmentiert. Es sind alles nur separate Fakten, Realitäten und Objekte, die man beobachtet, aber wir sehen nicht den (höheren) Zusammenhang zwischen diesen verschiedenen Beobachtungen. Nur durch Nachdenken kann man den Zusammenhang zwischen den einzelnen Beobachtungen erkennen. Im Grunde ist der Verstand mit seinem Denken nämlich ein hellseherisches Wahrnehmungsorgan. Wenn dieses Organ bewusst und systematisch entwickelt wird, durchbricht es die traditionellen Grenzen des Wissens.

Wir sehen also, wie seine jahrelange Reflexion über eine höhere Form des Denkens, das auch die geistige Welt mit einschließen kann, in diesem Buch zu einer konkreten These führt.

Seine Ehe mit Anna Eunike

In Weimar begegnete er Anna Eunike, einer Witwe mit fünf Kindern, die zehn Jahre älter war als er. Im Jahr 1892 mietete Rudolf Steiner ein Zimmer bei ihr, und schon bald entwickelte sich zwischen ihnen eine enge Freundschaft. Er fühlte sich bei ihr und in ihrem Haus geborgen.[109] Anna ihrerseits wandte sich in Elternfragen aller Art an Rudolf Steiner. Auf diese Weise wurde er immer vertrauter mit der Familie. 1897 zog Rudolf Steiner nach Berlin. Kurze Zeit später zog auch die Familie Eunike nach Berlin. Wieder zog Rudolf Steiner bei ihnen im Haus ein. Kurz darauf, 1899, wurde die Freundschaft zwischen Anna Eunike und Rudolf Steiner in eine Ehe umgewandelt.

Fünf Jahre später, 1904, verließ Anna Eunike Rudolf Steiner, wahrscheinlich weil sie die wachsende Freundschaft zwischen Rudolf Steiner und Marie von Sivers nicht mehr ertrug. Sie wurden jedoch nie geschieden.[110]

Später, nach Annas Tod im Jahr 1911, heiratete er Marie von Sivers. In Bezug auf seine Ehen ist es wichtig zu erkennen, was Alwin Rudolph schreibt: »Eine eheliche Bindung im wahrsten Sinne des Wortes war für Rudolf Steiner niemals ein Thema. Er hatte nie die Absicht gehabt, eine Familie zu gründen oder gar ein Ehepartner zu werden. Das gehörte nicht zu seinem Lebensplan. Dennoch war er zweimal gesetzlich verheiratet. Unserer Meinung nach tat er dies ausschließlich aus Sorge um den guten Ruf der beteiligten Frauen. Wir dürfen nicht vergessen, dass Rudolf Steiner zu einer Zeit in einem Land lebte, das nicht direkt für seine freiheitliche Moral bekannt war. Auf Frauen, die unverheiratet mit einem Mann lebten, wurde schon bald mit dem Finger gezeigt. In der Schweiz heiratete Rudolf Steiner deshalb Marie von Sivers. Man kann sich gut vorstellen, was man ihm in Berlin vorwerfen konnte, wo er mit zwei Frauen, Anna Eunike und ihrer erwachsenen Tochter, zusammenlebte. Zumal er sich in einem Bohemien- und Anarchisten-Milieu wohl fühlte. Er selbst konnte mit den Anschuldigungen leben, doch er wollte nicht, dass unschuldige Menschen zu Opfern wurden.«[111] Seine Ehen waren also im Grunde Freundschaften, genau wie seine spätere Freundschaft mit Ita Wegman. Und Freundschaften sind nicht exklusiv.

Rudolf Steiner weigerte sich, Fragen zu seinen Ehen zu beantworten: Er betrachtete dies als Privatsache.[112] Dass ich diesen Punkt dennoch anspreche, ist das Ergebnis der Fragen, die sich später bei vielen Menschen aufgrund seiner Freundschaft mit Ita Wegman auftaten – es sah so aus, als ob er mit zwei Frauen (Marie von Sivers und Ita Wegman) gleichzeitig eine Beziehung unterhielt. Das war nicht im herkömmlichen Sinne des Wortes so, doch eine tiefe Freundschaft verband ihn mit beiden Frauen.

In seinen letzten Jahren in Weimar entwickelte er ein stark meditativ geprägtes Leben. Dank der geistigen Kräfte, die er sich währenddessen aneignete, wurde es ihm möglich, sich in der geistigen Welt als geistiges Wesen frei von seinem physischen Körper zu bewegen – ein weiterer wichtiger Schritt in seiner Verbindung mit der geistigen Welt. Dadurch verstärkte sich der Kontakt zu hohen geistigen Wesen und Verstorbenen noch mehr.

Jahre der Prüfung

In Berlin angekommen, übernahm er die Redaktion einer esoterischen Zeitschrift namens »Magazin für Literatur«. Unter seiner Leitung entwickelte sich die Zeitschrift bald zu einem Magazin, das dem Werk junger talentierter Dichter große Aufmerksamkeit schenkte. Es war – und blieb auch – ein Sorgenkind, sowohl in finanzieller als auch in inhaltlicher Hinsicht. Er selbst verfasste Bühnenkritiken für diese Literaturzeitschrift. Die (anderen) Artikel, die er für das Blatt schrieb, waren lebendig und warmherzig, aber auch bissig und scharf. Es war spürbar, dass er mit seinen Worten die Fackel einer neuen Kultur in einer Ära entzünden wollte, die dem Untergang geweiht war.[113] Viele erlebten den Übergang in das 20. Jahrhundert damals als eine Zeit der Krise. Rudolf Steiner ging es ebenso. Später schrieb er darüber: »Mir schwebte damals vor, wie die Jahrhundertwende ein neues geistiges Licht der Menschheit bringen müsse.«[114]

Die fünf Jahre, die Rudolf Steiner in Berlin verbrachte – von 1897 bis 1902 – wurden zu entscheidenden Jahren, zu Jahren heftigster Prüfungen. Kurz vor seinem Umzug nach Berlin hatte sich in ihm ein innerer Wandel vollzogen: Bis dahin hatte er die äußere Welt wie eine Art Traum erlebt, die geistige Welt hingegen mit großer Klarheit. Doch nun wurde auch die Außenwelt in ein helles Licht gerückt – die Verträumtheit verblasste. Dies war ein tiefgreifender Übergang, der für alle, die ihn erlebten, von Heimweh und Verlust begleitet war. Heutzutage erleben Kinder diesen Übergang – vor allem in städtischen Gebieten – schon viel früher: Sie werden schon in sehr jungen Jahren aus ihrer inneren Welt herausgeholt, weil die Sinnenwelt ihre ganze Aufmerksamkeit fordert. Glücklicherweise war dies bei Rudolf Steiner nicht der Fall. Dadurch konnte sich sein Innenleben in seinem eigenen Tempo entwickeln.

Doch je wacher er für das Sinnenleben wurde, desto mehr begann er unter dem herrschenden Materialismus zu leiden. Das einseitige, oberflächliche Denken, das damals (und übrigens auch heute noch) vorherrschte, machte es ihm unmöglich, seine spirituellen Erfahrungen mit anderen auch nur ein klein wenig zu teilen. Es gab keinerlei Verständnis, geschweige denn Respekt dafür. Daher sah er sich innerlich mit der Frage konfrontiert: »Muss ich nun fortan schweigen? Aber was ist dann der Sinn und die wahre Mission meines Lebens?« Gefühle der Verzweiflung, der Einsamkeit und der Ungewissheit, wie es weitergehen sollte, überfluteten ihn.

Außerdem wurde er just zu jener Zeit von dämonischen Mächten belagert. Er stand kurz vor dem Durchbruch zu einem Leben, das ihn zum großen Esoterik-Lehrer machen würde, den jene Zeit so dringend brauchte, aber genau das wollten die dämonischen Mächte mit aller Gewalt verhindern. Später nannte er diese dämonischen Wesen »ahrimanische Kräfte«. Wie immer schildert Rudolf Steiner diese so persönlichen Erfahrungen äußerst knapp – so auch in diesem Fall mit nur einem einzigen Absatz. Er schrieb: »Ich musste mir damals meine Geistanschauung in inneren Stürmen retten. Diese Stürme standen hinter meinem äußeren Erleben.«

Seine ersten Lesungen und Vorträge

Sein Leben zu jener Zeit in Berlin bestand nach außen hin hauptsächlich aus dem Umgang mit Revolutionären, Schriftstellern, Bohemiens und Künstlern. Es ist auffallend und aufschlussreich, dass er nicht den Kontakt zu Menschen aus akademischen Kreisen suchte, welchen er aufgrund seiner Ausbildung und Erfahrung und infolge seiner Promotion an der Universität angehörte, sondern sich für eine ganz andere Gesellschaft, nämlich originelle, künstlerische und facettenreiche Persönlichkeiten entschied. Das lag einerseits daran, dass er als Redakteur des »Magazins für Literatur« automatisch auf sie stieß, andererseits aber auch daran, dass er sich in jener Phase tiefer innerer Zerrissenheit mehr mit diesen Menschen verbunden fühlte als mit den Menschen aus der Hochschulwelt. In den Kreisen der Bohemiens wurde ihm immer bewusster, dass eine neue Ära anbrechen würde, und damit konnte er sich verbinden – diese Menschen spiegelten sein eigenes Lebensgefühl wider. Zugleich erhielt er eine Anfrage vom Vorstand der »Berliner Arbeiterbildungsschule«, der Bildungsstätte für Arbeiter, auch »Volkshochschule« genannt, um eine Reihe von Vorträgen und Kursen zu halten. Die Schule war in der Tat eine Hochburg des marxistischen Sozialismus. Rudolf Steiner nahm diese Anfrage dennoch an.

Er ging an seinen Unterricht so heran, dass er den Marxismus nicht bekämpfte (der natürlich seinen eigenen Ansichten diametral entgegengesetzt war), sondern aufzeigte, wo er in der Weltgeschichte anwendbar war und wo nicht. Sein Unterricht und seine Kurse waren ein großer Erfolg. Deshalb wurde er gebeten, anlässlich des Gutenberg-Jubiläums im Jahr 1900 die große Festrede zu halten. In einem Berliner Zirkus versammelten sich 7000 Setzer und Buchdrucker. Rudolf Steiner sprach zu ihnen ohne Mikrofon und Lautsprecher und erntete tosenden Applaus.

In der Zwischenzeit durchlebte er in jenen Jahren in aller Stille und völliger Einsamkeit seine geistige Feuerprobe – eine geistige Schlacht, die er an vorderster Front schlagen musste.

14.

Rudolf Steiners Initiation

Eine richtungsweisende Erfahrung

Rudolf Steiner sperrte sich lange Zeit gegen das Christentum seiner Zeit. Er sah darin eine Doktrin, die besagt, dass die geistige Welt über das Denken nicht erreichbar ist. Alles, was der Mensch über die geistige Welt sagen kann, muss nach christlicher Auffassung als Offenbarung der göttlichen Welt zum Menschen kommen. Aber das war genau das Gegenteil von dem, was Rudolf Steiner von Kindheit an gesucht und gefunden hatte – nämlich den Beweis, dass unser Denken fähig ist, mit der geistigen Welt selbst in Verbindung zu treten. Es bedarf also keiner Offenbarung, sondern einer bestimmten Form des Denkens. Natürlich nicht das gewöhnliche, alltägliche Denken – das verharrt in der Betrachtung dessen, was die Sinne vermitteln, sondern eine höhere Denkweise, die der Mensch in seinem eigenen Inneren entwickeln kann. Rudolf Steiner hatte in seinem Buch »Die Philosophie der Freiheit« bereits die Möglichkeit dieses höheren Denkens aufgezeigt. Deshalb konnte er mit dem Christentum seiner Zeit nichts anfangen, da es die Möglichkeit dieses höheren Denkens grundsätzlich ablehnte.

Doch dann kamen die Jahre der großen Prüfung, »der Prüfung der Seele«, wie Rudolf Steiner selbst diese dunkle Zeit nennt. Das Einzige, was ihn in jener Zeit der großen Prüfung sichtlich unterstützte, war die Kraft, die er ausübte, wenn er seinen Geist auf die Ursprünge und die Entwicklung des Christentums richtete. Nichts hatte ihm mehr Kraft und Halt gegeben – nur noch das Eine: In einer meditativen Atmosphäre jenseits des Christentums seiner Tage auf die Anfänge und somit die Ursprünge des Christentums und so letztendlich auf Christus selbst zurückzugreifen. Immer wieder musste er diese Meditation wiederholen; denn nur auf diese Weise, durch die ständige meditative Reflexion über diesen Uranfang, fand er jeden Tag aufs Neue die Kraft, durchzuhalten und weiterzumachen.[115]

Und dann, in der dunkelsten Stunde seines Lebens, geschah es: Die Begegnung mit Christus. Sehr bemerkenswert ist, dass das Kapitel, in dem Rudolf Steiner über diese dunkle Phase und den letztendlichen inneren Durchbruch schreibt, das kürzeste Kapitel seiner Biographie ist. Am Ende jenes Kapitels beschreibt er in einem einzigen Satz die alles entscheidende Begegnung: »Auf das geistige Gestanden-Haben vor dem Mysterium von Golgatha in innerster ernstester Erkenntnis-Feier kam es bei meiner Seelen-Entwicklung an.«[116]

Es gibt Erfahrungen, die sich im Grunde nicht mit menschlichen Worten ausdrücken lassen. Dies ist eine solche Erfahrung. Aber im Leben von Rudolf Steiner ist sie zur alles entscheidenden Erfahrung geworden. Es war diese Erfahrung, die ihm ab jenem Moment Schritt für Schritt seine Lebensaufgabe verdeutlichen und ihn zu all den großen Initiativen motivieren sollte, die er seither ergriffen hat.

Viele Tage lang

Doch wie müssen wir diese Erfahrung, diesen einen Satz aus der Biographie Rudolf Steiners interpretieren? Mit dieser Frage lebe ich seit Jahren. Nicht zuletzt, weil auch mir hellseherische Erfahrungen vertraut sind[117], kam ich allmählich zu folgenden Erkenntnissen:

- Tagelang stand Rudolf Steiner im Geiste auf dem Hügel von Golgatha. Tagelang stand er in schummrigem Licht vor dem Kreuz, an dem Jesus Christus hing.
- Tagelang spürte er in die tiefe Bedeutung der Worte von Jesus Christus am Kreuz hinein. Er hörte, wie Jesus Christus diese Worte eines nach dem anderen aussprach, und ergründete ihre verborgene Bedeutung.
- Tagelang nahm er schweigend und ohne Worte am Leiden Jesu Christi teil. Mit einer intensiven Verbindung, die noch monatelang in seinem Herzen nachwirkte, spürte er die abgrundtiefe Einsamkeit Christi in jenen Stunden.
- Immer intensiver wurde ihm bewusst, dass er Zeuge des allergrößten Mysteriums war, das sich jemals auf Erden ereignet hatte und ereignen würde. Er erlebte, wie ein göttliches Wesen durch den Tod hindurch ging und als irdische Kraft geboren wurde. In jenen Stunden und Tagen erlebte er vor allem dieses Mysterium – erst in den folgenden Jahren sollte er allmählich Worte finden, um diese Mysterien in menschlicher Sprache zum Ausdruck zu bringen.
- Tagelang stand er in tiefster Ehrfurcht auf diesem Hügel und stellte eine innere Verbindung zu Johannes her, der am Fuße des Kreuzes stand. Er sollte dann den ganzen Rest seines Lebens damit verbringen, sich in dessen Geheimnisse hineinzufühlen und diese in Worten auszudrücken. Der letzte Vortrag, den er hielt, bevor er erkrankte und dann nach sechs Monaten verstarb, war Johannes gewidmet.
- Tagelang war es Jesus Christus selbst, der ihn an dem teilhaben ließ, was Rudolf Steiner seitdem als den »Wendepunkt der Zeit« bezeichnete – es war, als ob Jesus Christus mit ihm teilte, was in jenen Tagen in seinem Herzen vor sich ging.
- Tagelang stand er dort. Vielleicht und wahrscheinlich hat er nur die Arbeit getan, die hier auf Erden nun einmal getan werden

musste. Doch auf einer anderen Ebene, in einem anderen Bewusstsein, stand er Stunde um Stunde auf dem Berg von Golgatha und nahm alles wahr, was er nur erfassen konnte.

- Tagelang schaute er nur – doch während er schaute, passierte etwas mit ihm selbst: Sein ganz gewöhnliches, alltägliches Ich starb, doch sein höheres Selbst erhob sich. In jenen Tagen wurde in seinem Ich sein höheres geistiges Selbst geboren. So wurde diese Erfahrung für ihn persönlich zu einem Wendepunkt, zur entscheidenden Veränderung, die überhaupt möglich ist.

Es war eine Erfahrung, die innerhalb weniger Tage eine andere Person aus ihm machte. Erst dieses innere Erleben des Christus-Mysteriums – eine Erfahrung, die ihm die verborgensten Aspekte dieses Mysteriums offenbarte – brachte ihn zur vollen Reife für seinen großen Auftrag, der große Menschheitslehrer der Gegenwart, der fünften post-atlantischen Kulturperiode, zu werden. Alles, was er seither über die Mysterien Christi und die eigentliche Mission des Christentums weitergeben durfte, stammte von dieser Erfahrung und dem, was er seither in der geistigen Welt sehen durfte. »Seine Erkenntnisse entspringen der Quelle direkter spiritueller Erfahrung.«[118]

Eine hohe Form der Einweihung

Was Rudolf Steiner in jenen Tagen erlebte, kann als eine hohe Einweihung bezeichnet werden. Was müssen wir uns darunter vorstellen? In früheren, vorchristlichen Zeiten wurden bei der sechsten Einweihung von den Priestern und Priesterinnen der Ätherleib, der Astralleib und das Ich der Adepten von ihrem physischen Körper gelöst. Danach blieben sie drei Tage lang in der geistigen Welt. Die ganze Zeit über lag ihr physischer Körper wie tot da, ähnlich dem, was wir heute eine Nahtod-Erfahrung nennen.

Bei dieser dreitägigen Astralreise begab sich der Adept in hohe geistige Welten, in das Devachan, um dort einem hohen geistigen Lichtwesen zu begegnen. Dieses geistige Wesen gewährte dem Adepten eine Rückschau sowie eine Vorschau auf die Zukunft. Er blickte nicht nur auf das Leben zurück, das hinter ihm lag, sondern auch auf alle seine früheren Leben. Er durfte auch die gesamte Entwicklung der Menschheit von Anfang an bis zu jenem Zeitpunkt im Überblick sehen. Danach erhielt er eine Vorschau – zunächst auf die kommenden Jahre seines aktuellen Lebens, daraufhin aber auch auf alle seine zukünftigen Leben. Schließlich erhielt er eine Vorschau auf die künftige Entwicklung der gesamten Menschheit.

Wenn der Adept nach drei Tagen von den Priestern wieder zurückgerufen und wieder mit seinem physischen Körper verbunden wurde, kehrte er als Wissender zurück. Er war ein neuer, ein anderer Mensch geworden. Er konnte sich allerdings nicht mehr erinnern, was er denn genau gesehen hatte. Schließlich bewirkte die Hülle seines physischen Körpers auch eine Rückkehr bei herabgesetztem Bewusstsein. Er wusste zwar noch, dass alles einen tiefen Sinn hatte, sowohl sein eigenes Leben als auch das Schicksal, das die Menschheit durchmachte und noch durchzumachen hatte. Aber wie diese Schicksale genau aussahen, wusste er nicht mehr.

Nur einem einzigen großen Führer der Menschheit, nämlich Johannes, war es in den Jahren nach dieser hohen Initiation erlaubt, sich ganz allmählich wieder dessen bewusst zu werden, was er wahrgenommen hatte, und es daraufhin in Bildern und damit in einer metaphorischen Sprache zum Ausdruck zu bringen. Aus dieser allmählichen Bewusstwerdung entstand nicht nur der Prolog des Johannes-Evangeliums, sondern auch die Apokalypse oder Offenbarung des Johannes.

Wir können die hohe Initiation, die Rudolf Steiner erhalten hat, damit vergleichen. Zwar musste er nur zum Teil aus seinem Körper heraustreten und konnte so das Leiden und Sterben des Christus beobachten und durchleben, doch im tiefsten Kern war diese Initiation mit der früheren sechsten Initiation vergleichbar. Auch Rudolf Steiner erhielt nämlich eine Rückschau und eine Vorausschau. Er sah nicht nur seine eigenen vergangenen und zukünftigen Leben vor sich, sondern auch den Ursprung der Menschheit und wie es von der Gegenwart aus weitergehen würde. Gewaltig und ehrfurchtgebietend waren die Aussichten, an welchen der gekreuzigte Christus ihn teilhaben ließ. Er durfte dabei auch sehen, wie der Christus inzwischen in die feinstoffliche Welt hinabgestiegen war, und wie er von dort aus der Menschheit erscheinen würde, um sie wieder zu erwecken und ihr die geistige Welt erneut bewusst zu machen.

In den Jahren nach dieser Initiation wurden Rudolf Steiner nach und nach die Worte gegeben, mit welchen er den Menschen in klarer Sprache sowohl einen Einblick in die Vergangenheit als auch in die Zukunft der Menschheit geben konnte. Die Initiation, die er durchlief, war die eines großen Führers der Menschheit. Während Johannes in späteren Jahren die Erkenntnisse, die er durch seine Initiation gewonnen hatte, in Metaphern weitergeben konnte, durfte Rudolf Steiner dies in der logischen, klaren Sprache tun, die der Mensch von heute versteht.

Ein anderer Mensch

Viele Menschen bemerkten, wie sehr Rudolf Steiner sich nach dieser Erfahrung im Jahre 1899 verändert hatte. Von einem Tag auf den anderen war Steiner ein anderer Mensch geworden. Zuvor trank er in einem Café ab und zu ein Glas Wein, jetzt gab es nur noch Kaffee. Wenn er etwas genießen wollte – und das wurde zur Seltenheit – dann waren das lange Spaziergänge.[119] Ein Schüler der Volkshochschule erinnerte sich: »Bei seiner Rückkehr war es, als ob ein anderer Steiner vor uns stünde. Unsere Verehrung für ihn war noch immer dieselbe, aber wir konnten nicht recht damit umgehen.« Nach Rudolf Steiners Vortrag stellte er fest: »An jenem Tag gingen wir unbefriedigt von ihm weg. Er hatte nicht mit der Intimität gesprochen, die wir gewohnt waren.«[120]

Emil Unger-Winkelried erzählt: »Denn in jungen Jahren liebte er (…) die fröhliche Seiten des Lebens (…) Bis der Wandel kam, der etwa zur gleichen Zeit stattfand, als er an der Volkshochschule unterrichtete. Sogar an seiner äußeren Erscheinung konnte man diese Veränderung erkennen. Es war so auffällig, dass ein guter Freund von ihm, ein sozialistischer Schriftsteller, ausrief, als er ihn nach langer Zeit wieder traf: ›Was ist denn mit dir passiert? Du siehst ja aus wie ein Heiliger!‹«[121]

Wir haben bereits festgestellt, dass Rudolf Steiner dem Christentum gegenüber nicht besonders positiv eingestellt war. Und nach seiner Initiation war es im Grunde nicht anders: Noch immer konnte er mit dem etablierten Christentum seiner Zeit nicht viel anfangen. Doch seitdem stand der Christus im Mittelpunkt seines Wirkens. »Nicht das Christentum, wie es im Laufe der Zeit degeneriert ist, ist maßgeblich, sondern die einzigartige Ankunft des Christus auf Erden ist das Thema, um das sich alles dreht.«[122]

Mit Christus gekreuzigt

1911 veröffentlichte Rudolf Steiner die Schrift: »Die geistige Führung des Menschen und der Menschheit.«[123] In diesem Büchlein erklärt er, dass seit dem Mysterium von Golgatha ein Impuls durch die Welt geht, der eine ganz besondere Wirkung auf den Menschen hat.

Dieser Impuls lässt sich am besten mit Paulus beschreiben, so sagt Steiner, als dieser schrieb: »Ich bin mit Christo gekreuzigt. Ich lebe aber; doch nun nicht ich, sondern Christus lebt in mir.«[124] Obwohl Rudolf Steiner bei dieser Bemerkung nicht in der »Ich-Form« spricht, dürfen wir dennoch annehmen, dass er eine persönliche Erfahrung beschreibt – die Erfahrung, die er machte, als er tagelang vor dem Mysterium von Golgatha stand. Schließlich erlebte er während dieser Erfahrung ganz bewusst, wie sein altes Ich starb und sein höheres Selbst geboren wurde.

Nicht nur Christus starb für sein transzendentes Bewusstsein am Kreuz, auch Rudolf Steiner selbst wurde mit Christus gekreuzigt und durchlebte die Kreuzigung seines niederen, irdischen Ichs in enger Verbundenheit mit dem Leiden und Sterben Christi. Außerdem durfte er erleben, wie gleichzeitig sein höheres Selbst geboren wurde, wodurch er sagen konnte: »Nun nicht ich, sondern Christus in mir.« Aus diesem Grund konnte er von jenem Moment an der große esoterische Lehrer werden, der von Christus selbst berufen worden und dank dieser hohen Initiation imstande war, das Christentum zu erneuern.[125]

Der Erste nach 1899

Rudolf Steiner erhielt seine Initiation im Jahr 1899. Das war das Jahr, in dem, wie wir bereits festgestellt haben, das Kali-Yuga oder die Eisenzeit zu Ende ging. Seit jenem Jahr wurden ganz allmählich wieder Erfahrungen mit der geistigen Welt möglich. Einer der Ersten, der eine solche Erfahrung machte – und noch dazu in dieser Größenordnung – war Rudolf Steiner. Damit wird auch deutlich, welch hohe Mission er hatte – die Menschheit auf die neue Kultur des Geistes vorzubereiten, die entstehen sollte, und sie Schritt für Schritt in diese neue Kultur einzuführen.

Genau so jedoch, wie Moses dies einst erlebt hat – der das widerstrebende Volk Israel aus Ägypten durch die Wüste nach Kanaan führen musste – musste sich auch Rudolf Steiner allen möglichen Gegenkräften widersetzen.

Während seiner Initiation durfte Rudolf Steiner erleben, wie seine drei Seelenkräfte, das Denken, das Fühlen und das Wollen, von den heiligen Christus-Kräften oder – wie diese auch genannt werden – von den »Logos-Kräften« durchdrungen wurden.[126] Als Folge davon vergeistigte sich sein Denken, und er konnte dank dieser Gabe zum Begründer der Geisteswissenschaften werden (der Begriff, den er verwendete, um all seine Erkenntnisse in ihrer Gesamtheit zu bezeichnen).

Auch sein Fühlen und Wollen wurden transformiert und dadurch stärker und reicher, als das jemals zuvor für einen Menschen möglich war. Die Folgen dieser drei Gaben wurden erst allmählich sichtbar. Zunächst einmal in seinem Denken: Sehen Sie sich die vielen Vorträge an, die er seit jenem Moment gehalten hat. Später wurde diese Gabe auch in seinem Fühlen sichtbar, insbesondere in der Erneuerung der verschiedenen Künste, und schließlich auch in seinem Wollen, vor allem in den vielen Initiativen, die er in späteren Jahren ergriff, um seinen Erkenntnissen in der Landwirtschaft, im Bildungswesen und so weiter eine ganz konkrete Form zu geben.

Seine Mission: Ein Bewusstsein für den Geist zu schaffen und den Weg zu ihm zu weisen

Der italienische Mystiker Joachim von Fiore – er lebte im zwölften Jahrhundert – sagte, dass die Menschheit drei Epochen hintereinander durchlaufen würde. Zuerst durch das Zeitalter von Gott dem Vater, dann durch das Zeitalter von Gott dem Sohn und schließlich durch das Zeitalter von Gott dem heiligen Geist. Dies war ganz außergewöhnlich, denn damit beschrieb er damals bereits die Tatsache, dass das Christentum ein gewisses Wachstum und eine gewisse Entwicklung durchlaufen würde. Diese Erkenntnis hat im Laufe der Jahrhunderte immer wieder Interesse geweckt, insbesondere von Mystikern und esoterischen Christen.

Sergej Prokofieff – einer der wichtigsten Schüler von Rudolf Steiner – erklärt überzeugend, dass die erste Ära, die des Vaters, bis zur Zeit von Johannes dem Täufer, dem Wegbereiter Christi, dauert. Mit diesem Johannes beginnt die zweite Ära – die des Sohnes – die bis 1899 oder bis zum Ende des Kali-Yuga dauerte. Ab jenem Zeitpunkt würde die letzte Ära beginnen: Die Ära des heiligen Geistes. Aus dem eben Gesagten wird deutlich, dass diese letzte Epoche also mit der Initiation Rudolf Steiners im Jahre 1899 begann.[127] Rudolf Steiner ist folglich der Meister, dem die Aufgabe übertragen worden ist, uns auf diese neue Ära aufmerksam zu machen und uns bei der Verwirklichung der Aufgaben zu helfen, die uns diese neue Ära auferlegt hat. Die wichtigste Aufgabe dieser neuen Ära ist es, sich des Geistes bewusst zu werden und so eine innere Verbindung mit dem Geist zu suchen. Dies ist auch der tiefste Sinn der Geisteswissenschaften, die Rudolf Steiner uns mitgeteilt hat – uns zu lehren, uns mit dem Geist zu verbinden.

Rettung durch einen Meister

Friedrich Rittelmeyer hatte einmal ein ausführliches Gespräch mit Rudolf Steiner, in dem er ihm von der Hilfe berichtete, die er von den Meistern erhielt. Während dieses Gesprächs wurde Rittelmeyer tief beeindruckt von der Tatsache, dass das Leben eines großen Eingeweihten wie Rudolf Steiner ein Kunstwerk ist, in dem Engel und Menschen gemeinsam Modell stehen. Immer sind die großen Lehrer im richtigen Moment anwesend, um Hilfe und Unterstützung zu bieten, und »im richtigen Moment werden die notwendigen Helfer geschickt«.[128] Rudolf Steiner erzählte auch, wie er einmal von einem

Meister gerettet wurde, als er im Begriff stand, etwas zu tun, was ihn beinahe das Leben gekostet hätte. So gesehen, scheint es naheliegend, dass Rudolf Steiner selbst in jenen dunklen Zeiten, als er »sein Sterben und seine Wiedergeburt« durchlebte, Hilfe erhielt, vielleicht sogar die Hilfe eines Meisters.[129]

15.

Die Anfänge der Anthroposophischen Gesellschaft

Sein erster Auftritt als esoterischer Lehrer

Im Jahr nach seiner Christus-Erfahrung erhielt Rudolf Steiner eine Einladung von Graf und Gräfin Brockdorf, bei einem ihrer wöchentlichen Empfänge in Berlin einen Vortrag über Nietzsche zu halten. Bei diesem Vortrag fiel Rudolf Steiner auf, dass sich unter seinen Zuhörern viele Menschen mit großem Interesse an der geistigen Welt befanden – das hatte er noch nie zuvor erlebt. Sein Vortrag machte Eindruck, denn er wurde sofort zu einem weiteren Vortrag eingeladen. Rudolf Steiner schlug vor, in diesem Vortrag über »Goethes geheime Offenbarung« zu sprechen, ein Thema, das ihn ganz tief in seiner Seele bewegte.

Dieser zweite Vortrag brachte auch ihm persönlich viel: Zum ersten Mal konnte er (wenn auch noch so vorsichtig und zurückhaltend) über Einblicke sprechen, die er in der Welt des Geistes gewonnen hatte, über die er aber noch nie mit anderen hatte sprechen können, geschweige denn in der Öffentlichkeit. Er schrieb in seiner Biographie: »Es war ein wichtiges Erlebnis für mich, in Worten, die aus der Geistwelt heraus geprägt waren, sprechen zu können, nachdem ich bisher in meiner Berliner Zeit durch die Verhältnisse gezwungen war, das Geistige nur durch meine Darstellungen mit durchleuchten zu lassen.«[130]

Auch dieser zweite Vortrag verlief gut. In der Folge luden ihn Graf und Gräfin Brockdorf regelmäßig zu Vorträgen in ihren Kreis ein. Rudolf Steiner nahm dieses Angebot gerne an, allerdings unter der Bedingung, dass er nur über die Erkenntnisse, die ihn selbst in seinem Inneren bewegten, sprechen würde und nicht über die Meinungen anderer. Er bemerkte, dass dem Kreis um den Grafen und die Gräfin etliche Theosophen angehörten, und er wollte nicht an bestimmte dogmatische Erkenntnisse irgendeines führenden Theosophen gebunden sein, sondern frei darüber sprechen können, was ihn selbst in seiner Seele bewegte.

Nun startete er mehrere Vortragsreihen. Die erste Reihe beschäftigte sich mit dem Thema Mystik. Schon in der zweiten Reihe ging er ausführlich auf das »Mysterium von Golgatha« ein. Er zeigte darin auf, wie dieses Mysterium bereits in den vorchristlichen Mysterien (oder Einweihungsschulen) angekündigt worden war. Der Christus – der sich in dem Menschen Jesus von Nazareth verkörperte – bringt oder lehrt uns demzufolge auch keine Religion, er ist Religion. Religion bedeutet nämlich eine Verbindung, und wenn wir uns mit dem Christus verbinden, sind wir in ihm mit der geistigen Welt verbunden. Der Christus verbindet uns mit unserem höheren Selbst, er ist unser höheres Selbst. Eben diese Kraft ist es, die uns in eine direkte Verbindung mit der geistigen Welt bringt.

Vorsitzender der Deutschen Sektion der Theosophischen Gesellschaft

Marie von Sivers gehörte auch zu denen, die zu den Vorträgen kamen. Sie interessierte sich für die Theosophie, war damals dreiunddreißig Jahre alt, stammte aus Russland und war in St. Petersburg aufgewachsen. Irgendwann fragte sie ihn nach Vorträgen über den Christus-Impuls, und ob Rudolf Steiner sich denn nicht auch näher mit den

Quellen der westlichen Esoterik beschäftigen wolle. Die Theosophie beruhe ja hauptsächlich auf der östlichen Esoterik. Diese Frage veranlasste Rudolf Steiner dazu, sich eingehender mit Themen zu befassen, die mit dem esoterischen Christentum in Zusammenhang stehen.

Als im Oktober 1902 die Deutsche Sektion der Theosophischen Gesellschaft gegründet wurde und die Versammlungen bei der Familie Brockdorf fortan zu theosophischen Versammlungen wurden, wurde Rudolf Steiner gebeten, den Vorsitz der Deutschen Sektion zu übernehmen. Auf diese Bitte ging er unter zwei Bedingungenen ein: Dass er frei über das sprechen durfte, was ihn bewegte, und Marie von Sivers Sekretärin wurde und alle notwendigen Vorbereitungen traf.

So entstand zwischen diesen beiden eine wachsende Zusammenarbeit und Verbindung. Mit ihrer inspirierenden Unterstützung gelang es Rudolf Steiner, seine anthroposophischen Erkenntnisse innerhalb dieser Sektion für ein immer breiteres Publikum zu entfalten.[131] Über ihre wachsende Freundschaft schrieb Rudolf Steiner: »Marie von Sivers und ich wurden bald eng befreundet. Und auf der Grundlage dieser Freundschaft entfaltete sich ein Zusammenarbeiten auf den verschiedensten geistigen Gebieten im weitesten Umkreis. Anthroposophie, aber auch dichterische und rezitatorische Kunst (die Kunst des Rezitierens) gemeinsam zu pflegen, war uns bald Lebensinhalt geworden.«[132]

Dies war also der Kern ihrer Freundschaft, aber auch der Kern ihrer späteren Ehe, die nach dem Tod von Anna Eunike geschlossen wurde. Ihr ganzes Leben lang hatte sich Marie von Sivers mit all ihrer Kraft (die enorm war) Rudolf Steiner und seinem Werk gewidmet. Umgekehrt blieb Rudolf Steiner Marie von Sivers immer treu, auch wenn sie nicht immer entspannt mit anderen umging und dadurch Konflikte entstanden. Ein faszinierendes, bedeutsames Detail in diesem Zusammenhang ist die Tatsache, dass Rudolf Steiners Freunde aus der literarischen Welt verblüfft waren, als sie hörten, dass er nun Vorträge über Christus und das Mysterium von Golgatha hielt. Das war ein Schritt, den sie nicht verstehen konnten und auch nicht als passend zu dem Rudolf Steiner fanden, den sie kannten: Ein (augenscheinlich) heiterer Freidenker und scharfer Kritiker, der mit den Kirchen und dem kirchlichen Denken nicht viel zu tun hatte. Letzteres blieb auch nach seiner tiefgreifenden Transformation so.

Rudolf Steiner selbst hatte alle Veränderungen jener Zeit nicht als Bruch, sondern vielmehr als entscheidenden Übergang empfunden – jetzt erst konnte er endlich zu dem werden, der er in seinem tiefsten Inneren war. Bevor er sich den Theosophen angeschlossen hatte, konnte er nicht über das sprechen, was ihn innerlich so tief und so stark bewegte. Jetzt konnte er es. Für andere muss es sicher überraschend gewesen sein, als sie vom Inhalt seiner Vorträge hörten, nicht jedoch für ihn selbst. Bezeichnenderweise wurde er in der darauf folgenden Zeit von der geistigen Welt mit einer Flut neuer Einblicke gesegnet. Dies war auch für ihn selbst eine Bestätigung dafür, dass die Schritte, die er getan hatte, und die Entscheidungen, die er getroffen hatte, richtig waren.

Die Wissenschaft vom menschlichen Schicksal

Endlich hatte Rudolf Steiner also einen Kreis von Menschen gefunden, mit welchen er die Erkenntnisse, die ihn innerlich tief bewegten, (teilweise) teilen konnte, und die er dank seiner unvorstellbaren Gedankenkraft klar und verständlich in Worte fassen konnte. Nun, da er einen Kreis von Menschen gefunden hatte, an die er diese Erkenntnisse weitergeben konnte, kamen sie von diesem Moment an mit enormer Kraft in ihm auf. Es war wie ein heftiger Impuls, der um Gehör bat und dem er gehorchte, weil es ihn innerlich überzeugte.

Gleichzeitig musste er sich aber auch zurückhalten, weil die Menschen längst nicht mit allem umgehen konnten, was er ihnen weitergeben wollte. Unter diesem Spagat, dass er einerseits den starken Impuls spürte, hohes Wissen weiterzugeben, und sich andererseits ständig zurückhalten musste, weil die Menschen ihm sonst nicht folgen und ihn nicht verstehen konnten, hat er ein Leben lang gelitten. Es machte ihn einsam, weil er diesen Spannungszustand mit niemandem teilen konnte.

Die Tatsache, dass Rudolf Steiner sich ständig im Zaum halten musste, wurde beim Thema Karma und Reinkarnation, oder »der Wissenschaft vom Schicksal des Menschen«, besonders deutlich.[133] Was versteht man unter diesem Begriff? Rudolf Steiner liebte die Menschen. Dank der Kraft dieser Liebe war er imstande, bei den Menschen, welchen er begegnete, wahrzunehmen, wie Erfahrungen und Ereignisse aus ihren früheren Leben in ihr gegenwärtiges Leben hineinwirkten. Infolgedessen lag ihr Leben wie ein offenes Buch vor ihm.

Sich zu diesem Thema – dem Zusammenhang zwischen dem gegenwärtigen Leben und früheren Leben – Kenntnisse zu erwerben, sah er als eine notwendige Aufgabe für jeden Menschen an – dann würde der Mensch lernen, das Wie und Warum seines Lebenganges zu verstehen und so sein Leben viel bewusster gestalten können. Gerade in einer Zeit, in der die Menschheit ihr Bewusstsein (ihre Bewusstseinsseele) entwickeln muss, ist eine solche Erkenntnis von großer Bedeutung. Vor allem aus diesem Grund war Rudolf Steiner so bemüht, den Menschen die Gesetze von Karma und Reinkarnation zu erläutern, denn dies war selbst in theosophischen Kreisen unbekanntes Terrain. Dort machten nur »vage, verschwommene orientalische Darstellungen von Seelenwanderungen« die Runde.[134]

Um dieser Unschärfe entgegenzuwirken, wollte Rudolf Steiner an historische Persönlichkeiten anknüpfen. Von ihnen wollte er vergangene

Leben aufzeigen und deutlich machen, wie diese Leben bis in ihr heutiges Leben hineinwirkten. Auf diese Weise wäre er imstande gewesen, anhand dieser konkreten Beispiele die karmischen Gesetze so deutlich wie möglich zu veranschaulichen. Aber schon im siebten Kapitel habe ich beschrieben, dass die Menschen für diese Erkenntnisse noch nicht bereit waren, und dass Rudolf Steiner sich damals zurückhalten musste, auch im Kreis der Theosophen bei Graf und Gräfin Brockdorf.

Erst im Jahr 1924 – kurz bevor er erkrankte und sechs Monate das Bett hüten musste, bevor er verstarb – war die Zeit gekommen, näher auf dieses Thema einzugehen. Deshalb sind die Erkenntnisse, die er damals auf diesem Gebiet weitergegeben hat, ein wichtiges Vermächtnis an uns, das wir sorgfältig und aufmerksam hüten und studieren müssen.

Aus der Gesellschaft ausgeschlossen

1907 wurde Annie Besant Präsidentin der Theosophischen Gesellschaft. Irgendwann schob sie (zusammen mit Leadbeater) den jungen Inder Krishnamurti als neuen Weltenführer und als denjenigen vor, in dem sich der Christus wiederverkörpern würde.[135] Rudolf Steiner konnte sich diesen Ideen nicht anschließen. Er nannte sie absurd und war dabei sehr deutlich. Nicht nur seine alles prägende Erfahrung, als er tagelang vor dem Mysterium von Golgatha gestanden hatte, sondern auch das Wissen, das er seitdem aus der geistigen Welt erhalten durfte, hatte ihm etwas ganz anderes gezeigt – und zwar, dass die Inkarnation Christi in einem Menschen (dem Mann Jesus von Nazareth) ein Wendepunkt der Zeiten und damit ein einmaliges Ereignis war. Veltman beschreibt es so: »Er (Rudolf Steiner) musste die Propaganda für die Wiederkunft Christi als Absurdität zurückweisen, weil eine Wiederkunft ›in Fleisch und Blut‹ dem Ereignis von Golgatha, das ein Sieg über den Tod im materiellen Körper war, der nur ein einziges Mal stattfinden kann, jeglichen Sinn rauben würde.«[136]

Es war diese Meinungsverschiedenheit, die schließlich zu einem Bruch zwischen Annie Besant und Rudolf Steiner führte. Rudolf Steiner beschrieb dieses Ereignis in seiner Biographie wie folgt: »Für die Verbreitung dieser Absurdität (nämlich, dass der junge Inder Krishnamurti derjenige war, in dem der Christus ein neues irdisches Leben beginnen würde) wurde eine besondere Gesellschaft in der Theosophischen gebildet, diejenige vom »Stern des Ostens«. Es war für mich und meine Freunde ganz unmöglich, die Mitglieder dieses »Sternes des Ostens« so als Glied in die Deutsche Sektion hereinzunehmen, wie diese es wollten, und wie vor allem Annie Besant als Präsidentin der Theosophischen Gesellschaft das beabsichtigte. Und weil wir das nicht tun konnten, schloss man uns 1913 von der Theosophischen Gesellschaft aus. Wir waren genötigt, die Anthroposophische Gesellschaft als selbständige zu begründen.«[137]

Warum war dieser Punkt für Rudolf Steiner so wichtig? Er hatte sehen dürfen, dass der Christus nicht mehr als Mensch zurückkehren, sondern etwa zu Beginn des 20. Jahrhunderts wieder erscheinen würde, diesmal jedoch in der feinstofflichen Welt, um sich der Menschheit zu erkennen zu geben. Weiter oben schrieb ich bereits, dass seitdem die Zahl der Menschen, die den ätherischen Christus haben sehen dürfen, zunehmend steigt. Das Erscheinen des Christus in der feinstofflichen Welt löst also eine ganz neue Entwicklung auf der Erde aus.

Diese Erkenntnis ist vor allem aus folgendem Grund wichtig: Die Menschen verlieren in unserer heutigen Zeit zunehmend den Glauben an den Christus. Schließlich können wir nicht mehr (so leicht wie früher) an die Autorität anderer – eines Priesters, eines Pfarrers oder eines anderen – glauben. Doch angesichts dieses Verlustes gibt es eine neue Möglichkeit: Die Menschen werden ihn nach und nach auf vielfältige Weise persönlich erleben und ihm manchmal sogar persönlich begegnen dürfen. Dadurch werden sie wissen und verstehen, dass er den großen Wendepunkt der Zeit verkörpert. Darüber hinaus werden immer mehr Menschen die Erfahrung machen, dass es wirklich möglich ist, unseren Verstand in ein geistiges Wahrnehmungsorgan umzuwandeln, das imstande ist, den Christus zu erleben, zu hören oder zu sehen.

Für Rudolf Steiner war diese Erkenntnis essenziell – und aus diesem Grund konnte er sich in keiner Weise den Gedanken und Meinungen anschließen, die Annie Besant um den Inder Krishnamurti entwickelte.[138] Was für Rudolf Steiner so unerlässlich geworden war – das Wissen um das Wachstum und die Entwicklung des Menschen beziehungsweise das Wissen darum, wie die Menschheit im Laufe der Jahrhunderte – Schritt für Schritt und ganz allmählich, aber dennoch – zu dem Menschen wird, wie Gott ihn sich vorgestellt hatte, wurde durch Annie Besants Vorstellungen von Krishnamurti zunichte gemacht. Es war im Grunde genommen ein Rückschritt in der Geschichte, nicht ein Schritt nach vorne. Das machte deutlich, dass Annie Besant und ihre Unterstützer in Wirklichkeit keinerlei Einblick in den gesamten Entwicklungsprozess der Menschheit hatten. Doch genau dieses Wissen braucht die Menschheit jetzt, da sie den Schritt vom Glauben zum Verstehen und zur Erkenntnis vollzieht, dringend.

Die Gründung der Anthroposophischen Gesellschaft

Rudolf Steiner war jedoch kein Mann der Trennung. »Er wollte das Neue nicht auf den Weg bringen, bevor er nicht erst das Alte in Stücke geschlagen hatte. Er wollte das Alte transformieren, es umwandeln.«[139] Nicht er selbst war es, der die Deutsche Sektion der Theosophischen Gesellschaft verließ – er wurde ausgeschlossen. Das lief folgendermaßen ab: Annie Besant schickte Rudolf Steiner ein Ultimatum mit der Forderung, die Mitglieder des »Sterns des Ostens« trotz allem als Mitglieder aufzunehmen. Als Rudolf Steiner diesem

Ultimatum nicht nachkam, entzog sie der Deutschen Sektion am 2. Februar 1913 die Charta (= die Befugnis oder Anerkennung).

Bereits ein Jahr zuvor hatte es eine Reihe von vorausschauenden Freunden Rudolf Steiners gegeben, die diesen Bruch kommen sahen und deshalb 1912 die Anthroposophische Gesellschaft gegründet hatten. Diese Gesellschaft ruhte bis zum 3. Februar 1913, einen Tag nach dem Beschluss, der Deutschen Sektion die Anerkennung zu entziehen. Daraufhin kamen die Mitglieder zu einem ersten Treffen zusammen. Fast alle Mitglieder der Deutschen Sektion wechselten über und registrierten sich als Mitglieder der Anthroposophischen Gesellschaft.

Rudolf Steiner hatte bis 1913 die Anthroposophie (= die Weisheit über das Wesen des Menschen) innerhalb der Theosophischen Gesellschaft propagiert. Ab 1913 wurde die Anthroposophische Gesellschaft die Gemeinschaft, die ihn trug und ihn (wenn auch manchmal mit viel Unverständnis) in jeder möglichen Weise unterstützte. Dadurch konnte die Weisheit über den Menschen auf vielfältige Weise in die Gesellschaft hineingetragen werden, so dass diese Weisheit zu einem Leitprinzip für alles Leben und alle Gesellschaftsformen der Menschheit werden sollte.
Der Begriff Anthroposophie war übrigens nicht neu. Er wurde schon früher verwendet, zum Beispiel von dem Schweizer Philosophen Troxler und dem deutschen Philosophen Immanuel Fichte. Der Inhalt hingegen, den Rudolf Steiner diesem Begriff gab, war neu: Die Wissenschaft des Übersinnlichen oder wie man die Denkfähigkeit in ein geistiges Wahrnehmungsorgan verwandeln kann. Auffällig ist, dass Rudolf Steiner selbst nicht Präsident oder Vorstandsmitglied der Anthroposophischen Gesellschaft wurde, sondern »nur« als esoterischer Lehrer auftrat.

Es ist wichtig zu erkennen, dass Rudolf Steiner mit seinen Vorträgen – zunächst für die Theosophische und später die Anthroposophische Gesellschaft – einen Akt von welterschütternder Bedeutung lieferte. Bis dahin waren solch großartige Erkenntnisse über die geistige Welt nur unter strikter Geheimhaltung an andere weitergegeben worden. In allen vorchristlichen Jahrhunderten, aber auch darüber hinaus, wurde die Geheimhaltung solcher Erkenntnisse sehr streng eingehalten – auf ihre Verletzung stand die Todesstrafe.

Rudolf Steiner war es, der dieses Wissen zum ersten Mal öffentlich machte und mit allen teilte, die dafür offen waren. Er tat dies, weil er der Meinung war, dass die Menschen in der heutigen Zeit – da sie die Aufgabe haben, ihre Bewusstseinsseele zu entwickeln – dieses Wissen für ihre Weiterentwicklung brauchen. Es war ein revolutionärer Akt, den er damit vollzog. Auch für ihn selbst muss es drastisch gewesen sein: In allen früheren Leben hatte er sich an diese Geheimhaltung gehalten. Dies war das erste Leben, in dem er diesen strengen Kodex durchbrach. Das erforderte großen Einblick, aber auch mehr Mut, als wir uns vorstellen können.

16.

Das erste Goetheanum

Vom Johannesbau zum Goetheanum

München wurde ganz automatisch zum Zentrum der jungen Anthroposophischen Gesellschaft. Dort fand 1907, als Rudolf Steiner noch Vorsitzender der Deutschen Sektion der Theosophischen Gesellschaft war, der Kongress der Europäischen Sektionen der Theosophischen Gesellschaft statt. Schon damals konnte man etwas Besonderes miterleben: Auf Anweisung Rudolf Steiners wurde der Saal so dekoriert, als wäre er ein Rosenkreuzer-Tempel. Gemälde von Säulen und okkulten Siegeln schmückten den Raum. Die okkulten Siegel gaben die Bilder wieder, die der Seher wahrnimmt, wenn er sich auf die Entwicklung der Menschheit konzentriert. Es sind Bilder, die auch im Buch der Offenbarung in der Bibel beschrieben sind – es sind die Bilder, die vom Apostel Johannes wahrgenommen wurden. Darüber hinaus umfasste das Programm auch die Aufführung eines Mysteriendramas, das von Édouard Schuré verfasst worden war.[140]

Rudolf Steiner stellte durch die Ausschmückung des Kongress-Saales eine klare Verbindung zwischen Anthroposophie und der ursprünglichen Rosenkreuzer-Bewegung her. Zudem verknüpfte er die religiösen Erkenntnisse von Christian Rosenkreutz – und damit auch der Anthroposophie – mit der Kunst. Religion, Kunst und höheres Denken bilden nämlich eine untrennbare Einheit. Im Anschluss an den

Kongress hielt Rudolf Steiner auch nochmals einen Vortragszyklus mit dem Titel »Die Theosophie der Rosenkreuzer«.[141]

Später – ab 1910 – wurden in München auch die ersten vier Mysteriendramen aufgeführt, die Rudolf Steiner selbst geschrieben hatte.[142] Das fünfte Drama sollte 1914 aufgeführt werden, doch wegen des Ausbruchs des Ersten Weltkriegs kam es nicht dazu.

Die Mysteriendramen – auch »Mysterienspiele« genannt – wurden in verschiedenen Theatern aufgeführt. Sie dauerten einen ganzen Tag und wurden wegen des großen Interesses mehrfach wiederholt. Immer waren die Theater bis auf den letzten Platz ausverkauft.[143] Doch die altmodische Architektur dieser Theater passte nicht wirklich zur Atmosphäre der Mysteriendramen: Sie verbreiteten keine Tempelatmosphäre. Als Folge davon entstand ganz selbstverständlich der Wunsch nach einem eigenen Theatersaal. So wurden bald Pläne für ein eigenes Gebäude in München entworfen, das den Namen »Johannesbau« erhielt. Der eingereichte Bauplan für den Johannesbau wurde jedoch von den Münchner Behörden aus unerfindlichen Gründen abgelehnt. Es war klar, dass man Steiner und die Anthroposophische Gesellschaft in München nicht haben wollte. Die endgültige Ablehnung folgte im Februar 1913. Typisch für Rudolf Steiner war, dass er sich bereits zwei Tage später auf die Suche nach anderen Möglichkeiten machte, wo er das Gebäude errichten lassen konnte. Zuerst sah er sich in Heidelberg um, doch das dortige Baugrundstück erwies sich als ungeeignet.

Dann boten Schweizer Freunde – die Familie Grosheintz – ein Stück Bauland in der Nähe von Basel in der Schweiz an. Rudolf Steiner nahm dieses Angebot sehr dankbar an. Deshalb wurde bereits im September 1913 der Grundstein für das Gebäude auf dem Dornacher Hügel gelegt. Es erhielt jedoch nicht den Namen Johannesbau. Es wurde schließlich »Goetheanum« genannt – eine Hommage an das Werk und Wesen Goethes.

Warum Dornach?

Es ist faszinierend, einmal darüber nachzudenken, warum das Goetheanum in Dornach bei Basel und nicht in München gebaut werden sollte. Welche Absicht aus der geistigen Welt steckte dahinter? Einerseits ist klar, dass die Anthroposophische Gesellschaft dadurch von den Auswirkungen der Kriegsgewalt (zweier Weltkriege) und vor allem von der Zerstörungswut des Nationalsozialismus Hitlers verschont blieb, der ein erbitterter Gegner der Anthroposophischen Gesellschaft war. War es die Absicht der verborgenen Führung aus der geistigen Welt, dass die Anthroposophische Gesellschaft – und mit ihr das Werk Rudolf Steiners – auf diese Weise den Zweiten Weltkrieg überleben sollte? Andererseits könnte man sich fragen, was passiert wäre, wenn der Johannesbau doch in München gebaut worden wäre. Schließlich wurde München später der Sitz des Nationalsozialismus. Veltman fragt sich deshalb auch: »Hätte die geistige Aura des Goetheanums im Großraum München eine teuflische Bewegung wie die von Adolf Hitler verhindern können?«[144] Wie auch immer – Tatsache ist jedenfalls, dass die Schweiz von der Gewalt der beiden Weltkriege verschont blieb und sich die Anthroposophische Gesellschaft im schweizerischen Dornach so relativ ungestört weiter entwickeln konnte.

Während dieses ganzen Prozesses – wo sollte der Johannesbau stehen? – gab es auch eine Anfrage von Rudolf Steiners Schülern aus Weimar, ob der Johannesbau nicht in Weimar errichtet werden könnte. Rudolf Steiner lehnte diesen Antrag jedoch ab. Das Gebäude solle nicht, so sagte er, in einer Stadt errichtet werden, die ihre Blütezeit bereits hinter sich hat; und Weimar war der Ort, an dem die Hochblüte des deutschen Geisteslebens stattgefunden hatte. Das hatte zur Folge, dass man in Weimar immer auf diese Blütezeit zurückblicken und nicht nach vorne schauen würde. Der Johannesbau musste jedoch an einem Ort gebaut werden, der für die Zukunft offen war.[145] Das Bauland in Dornach erfüllte diese Bedingung voll und ganz.

Ein inspirierender Impuls

Der Bau des Goetheanums begann noch im gleichen Jahr, 1913. Rudolf Steiner war offensichtlich in Eile. Er trieb die Menschen regelrecht an, sich zu beeilen. Er sah bereits die dunklen Schatten des Ersten Weltkrieges über die Menschheit fallen und wollte diesem drohenden Krieg nach Kräften entgegenwirken. Doch schon im Jahr darauf, 1914, brach der Erste Weltkrieg aus, als das Goetheanum noch lange nicht fertiggestellt war. Aus diesem Grund wurde während des gesamten Krieges (1914 – 1918) einfach weitergebaut. Dabei ereignete sich etwas ganz Besonderes.

Die Baustelle in Dornach lag etwa zwanzig Kilometer südlich von Basel. Diese Stadt liegt im Dreiländereck Schweiz, Deutschland und Frankreich. Während des Ersten Weltkriegs standen sich in den Vogesen – nicht weit nördlich von Basel – Deutsche und Franzosen an der Front gegenüber. In Dornach konnte man das Kanonengetöse hören. Tausende von Menschen sind in jenen Jahren gefallen. So fielen in der Zeit von Juli bis Oktober 1915 insgesamt 68.000 Männer auf dem Lingekopf in den Vogesen, ohne dass auf beiden Seiten auch nur ein einziger strategischer oder taktischer Vorteil erzielt werden konnte.

Doch etwa dreißig, vierzig Kilometer südlicher arbeiteten zur gleichen Zeit die Feinde, die sich in den Vogesen gegenseitig umbrachten, brüderlich miteinander; denn nicht nur die Bauarbeiter, sondern auch Freiwillige aus mehr als siebzehn Ländern waren am Bau des

Goetheanums beteiligt. Unter ihnen waren viele Franzosen und Deutsche. Während sie sich in den Vogesen zu Tausenden gegenseitig umbrachten, arbeiteten sie hier freundschaftlich zusammen, inspiriert von demselben Ideal – von den Erkenntnissen Rudolf Steiners beziehungsweise der Anthroposophie. Diese Erkenntnisse verwandelten sie in Schwestern und Brüder im Geiste und erhoben sie über die Spaltungen und Feindseligkeiten, die vom Ego ausgehen.

Wenn man über diese besondere Konstellation sinniert: Die Feinde aus den Vogesen, die in Dornach brüderlich und schwesterlich zusammenarbeiteten, wird deutlich, warum Rudolf Steiner – wohl wider besseren Wissens, aber dennoch – gehofft hatte, mit dem Bau des Goetheanums einen inspirierenden Impuls für die Seele Europas geben zu können – einen Impuls, der den Krieg hätte verhindern können. Nur ein Impuls, der uns zu geistigen Schwestern und Brüdern macht, kann uns über die Sinnlosigkeit von Krieg, Verurteilung und Hass erheben.

Schon allein dieses eine Beispiel zeigt etwas von den geistigen Kräften, die von Rudolf Steiners Erkenntnissen ausgehen: Sie sind auch heute noch ein Geschenk, das Europa über die Ebene von Hass, Krieg und tödlichen Spaltungen erheben kann.

Der Bau des ersten Goetheanums

Für das Goetheanum in Dornach entwarf Rudolf Steiner neue Baupläne. Das Baugelände in München befand sich im Stadtteil Schwabing, eingekeilt zwischen Häuserzeilen. Dadurch unterstand der Bauplan gewissen Einschränkungen. In Dornach hingegen war das Bauland ein Hügel mit weiter Aussicht und nach allen Seiten frei. Dies bot wieder ganz andere Möglichkeiten für den Bau des Goetheanums. Doch der Kern des Bauplans blieb derselbe: Eine größere und eine kleinere

Kuppel, die ineinander übergingen und sich gegenseitig durchdrangen. Es handelte sich um einen völlig neuen Architekturstil, von dem es auf der ganzen Welt noch kein einziges Gebäude gab. Außerdem wurde das Gebäude aus Holz auf einem Betonsockel errichtet.

Der Hauptsaal befand sich unter der großen Kuppel, der Bühnenraum unter der kleinen Kuppel. Die große Kuppel wurde von zweimal sieben Säulen getragen. Die Kapitelle der Holzsäulen waren wunderschön geschnitzt. Die kleine Kuppel wurde von zweimal sechs Säulen getragen. Das Innere der beiden Kuppeln war eindrucksvoll bemalt, wobei bunte Fensterscheiben den Lichteinfall beeinflussten. Veltman berichtet über den Bauprozess: »Es war eine gemischte Gruppe von Handwerkern und Amateuren, die sich mit der plastischen Gestaltung des hölzernen Kolosses befassen mussten. Sie mussten mit Stechbeiteln und Meißeln arbeiten – eine unvorstellbar harte Arbeit für ungeschulte Hände. Doch Rudolf Steiner war überall anwesend, um es ihnen vorzumachen, ihnen zu helfen, sie zu ermutigen und zu begeistern. Unermüdlich, wendig und kraftvoll bewegte sich seine zarte Gestalt zwischen den immensen Baumstämmen, über Gerüste und Bohlen. Man sah ihn mit einem Skizzenbuch in der Hand über die Baustelle gehen, zusammen mit dem schon etwas zerschlissenen schwarzen Regenschirm, den er an Regentagen immer bei sich trug. Er war fröhlich und immer voller Humor, trotz der tiefen Besorgnis über den Zustand der Welt – einer Sorge, die sich in seine Gesichtszüge eingegraben hatte. In den Pausen zeichnete er manchmal Karikaturen oder gab die köstlichsten Anekdoten aus seinen Wiener und Berliner Jahren zum Besten.«[146]

Am Abend hielt Rudolf Steiner außerdem einen Vortrag in der Schreinerei (ein Holzschuppen, der auch als Werkstatt für den Bau diente). Die Menschen saßen im Saal auf Holzblöcken, während Rudolf Steiner voller Enthusiasmus redete. Und, oh Wunder: Viele erlebten, wie beim Zuhören die Müdigkeit und Steifheit aus ihrem Körper verschwand, als ob Rudolf Steiners Worte in ihren Körper eindrangen und ihm neue Lebenskraft schenkten.

Der Menschheitsrepräsentant

In der kleinen Kuppel sollte eine hölzerne Skulpturengruppe an der hinteren Wand aufgestellt werden, an der Rudolf Steiner zusammen mit der englischen Bildhauerin Edith Maryon arbeitete. Die Skulptur ist neun Meter hoch und wird »der Menschheitsrepräsentant« genannt. In der Mitte steht die eindrucksvolle Figur des Christus oder des Menschen, links und rechts flankiert von Luzifer und Ahriman. Der Mensch schreitet vorwärts und hält Luzifer und Ahriman ständig in Zaum, doch gerade dadurch wird er zum Menschen. Es ist eine eindrucksvolle Darstellung der Aufgabe, die jeder Mensch in diesem Leben zu erfüllen hat: Indem er mit Luzifer und Ahriman konfrontiert wird, wächst er an Erkenntnis, Geisteskraft und Bewusstsein. Es ist aber auch eine Darstellung des Christus, wie er als Erster das Gleichgewicht zwischen Luzifer und Ahriman bis zum Ende aufrechtzuerhalten vermag und sie beide besiegt.

In der Schreinerei (der Baracke oder Werkstatt) befand sich das Atelier, in dem Rudolf Steiner gemeinsam mit Edith Maryon an dieser Skulptur arbeitete. Jede freie Minute war er dort zu finden, während Edith Maryon kontinuierlich daran arbeitete. Die Tatsache, dass Rudolf Steiner diese Statue an die hintere Wand des kleinen Kuppelsaales stellen wollte, war bezeichnend. Es zeigt, dass das Goetheanum für ihn auch ein Tempelraum war. Als das erste Goetheanum in Flammen aufging, war die Skulpturengruppe noch nicht fertiggestellt und noch nicht an ihren Platz auf der Bühne gebracht worden. Deshalb blieb sie verschont. Gegenwärtig steht sie in einem besonderen Raum im neuen, zweiten Goetheanum. Leider wurde ihr nicht der

Platz eingeräumt, den Rudolf Steiner ursprünglich im ersten Goetheanum für diese Statue vorgesehen hatte.

Der Ausbruch des Ersten Weltkrieges hat das Leben aller, folglich auch das von Rudolf Steiner, zutiefst beeinträchtigt. Das hatte auch ganz konkrete Folgen: Vor dem Krieg reiste er jedes Jahr in viele Länder, um Vorträge zu halten. Aber wegen des Krieges war es nicht mehr möglich, alle diese Länder zu besuchen. Er konnte nur noch ab und zu nach Berlin und Österreich fahren. Deshalb war er während der Kriegsjahre viel öfter und länger in Dornach und engagierte sich dadurch intensiver beim Bau des Goetheanums. Der Bau selbst wurde stark verzögert, weil viele Bauarbeiter und Freiwillige an die Front gehen und Dornach verlassen mussten.

Im Jahr 1920, zwei Jahre nach Kriegsende, waren die Bauarbeiten endlich so weit fortgeschritten, dass die Stühle für den Hauptsaal angeliefert und platziert werden konnten. Er war zu einem Theater, einer Hochschule und einer Tempelhalle in einem geworden. Und obwohl das Gebäude noch nicht fertiggestellt war, wurde es am 27. September desselben Jahres feierlich eingeweiht. 1200 Personen nahmen am ersten Kurs teil, den Rudolf Steiner im neuen Gebäude gab.

Der fatale Brand

In relativ kurzer Zeit hatten viele Menschen auf der ganzen Welt von Rudolf Steiner und seinen Erkenntnissen gehört. Viele waren dankbar und glücklich: Sie sahen in seinem Werk einen spirituellen Weg aufleuchten, der die Menschheit in eine neue Zukunft führen konnte. Gleichzeitig gab es aber auch Menschen, in welchen die Erkenntnisse Rudolf Steiners heftigen Widerstand wachriefen. Sie lehnten diese mit tiefem Hass ab, obwohl sie kaum etwas von dem verstanden hatten, was Rudolf Steiner eigentlich lehren wollte. Dieser Hass führte zu mehreren Angriffen – unter anderem in München – auf Rudolf Steiner selbst, aber auch zu einem Anschlag auf das noch unvollendete Goetheanum.

In den letzten Tagen des Jahres 1922 hielt Rudolf Steiner am Goetheanum Vorträge, in welchen er das Verhältnis des Menschen zum Kosmos diskutierte. Schließlich gehören wir mit unserem physischen Körper zur Erde und zur Materie – also auch zur Materie im Kosmos. Mit unserem Verstand jedoch stehen wir in einer direkten Verbindung mit dem geistigen Kosmos. Wer sein niederes Selbst überwindet und transformiert, erhält die Möglichkeit, sich über sein höheres Selbst, seinen Geist, mit dem unendlichen Raum und der Weite des geistigen Kosmos – und damit mit der geistigen Welt – zu verbinden.

Gegen halb zehn am Silvesterabend verließen die letzten Besucher nach Rudolf Steiners letztem Vortrag zu diesem Thema das Goetheanum. Kurz darauf sah ein Nachtwächter Rauch im Gebäude. Rudolf Steiner kehrte unmittelbar nach dem Feueralarm an das Goetheanum zurück. Zuerst überprüfte er mit einigen Freunden den Heizungsraum der Zentralheizung, doch dort war alles in Ordnung. Dann ging er zum Schaltkasten im Gebäude, aber auch die Elektroinstallation war in Ordnung. Inzwischen kam auch Rauch aus dem Treppenhaus. Rudolf Steiner bemerkte, dass sich eine Wand des Gebäudes heiß anfühlte. Dort ließ er ein Loch in die Wand schneiden. Doch sofort flammte das Feuer durch das Loch hoch auf, denn nun wurde Sauerstoff zugeführt. Das Ergebnis war ein donnerndes *Feuertosen.* Sofort sagte Rudolf Steiner nur: »Hier gibt es nichts mehr zu retten.« In kürzester Zeit brannte das Gebäude lichterloh, und die Flammen schossen sogar durch die Holzkuppel in den Himmel. Ita Wegman berichtet über diese Stunden: »Überall war er zu finden, tief traurig und ernst gestimmt zugleich, im Bewusstsein dessen, was hier für die Menschheit verloren ging.«[147]

Noch während des Brandes machten sich einige auf die Suche nach der Ursache. Sie fanden eine Stelle unter dem Dach, an der das Feuer ausgebrochen war. Es lagen noch Reste von Seilsträngen und Stroh herum, und man roch das Petroleum. Das Feuer war also gelegt worden, und die Ursache des Brandes war Brandstiftung.

Eine Versuchung

So wurde das erste Goetheanum in der Silvesternacht 1922/1923 durch einen Brandanschlag zerstört. Die Feuerwehr musste das Feuer noch bis in den nächsten Morgen hinein löschen. Als es hell wurde, wurde sichtbar, dass nur das Betonfundament übrig geblieben war – alles andere war durch das sengende Feuer vernichtet worden. »Viel Arbeit« und »lange Jahre« waren die wenigen Worte, die Rudolf Steiner in jener Nacht sprach, als er mit einigen Freunden um das brennende Gebäude herumlief. Veltman erklärt: »Viele wissen nicht, dass er seinem unerträglichen Schmerz einen kurzen Moment lang freien Lauf ließ. Zu den wenigen, die ihn in diesem Zustand vorfanden, sagte er, die Trauer habe ihn überwältigt, denn für Tausende von Menschen, die allein durch die Betrachtung des Goetheanums den Weg in die geistige Welt hätten finden können, sei dieser Weg nun abgeschnitten. Sein tiefster Schmerz galt nicht ihm selbst, sondern seinen Mitmenschen.«[148]

In jener Nacht musste Rudolf Steiner sich plötzlich zurückziehen: Sein Ätherleib (seine Lebenskräfte) drohten ihn zu verlassen – und wenn das geschähe, würde er sterben. Er musste mit aller Kraft Widerstand leisten und seinen Ätherleib zwingen, bei ihm zu bleiben. Aber wie konnte dies geschehen? Mit seinen ätherischen Kräften – mit seinen schöpferischen Kräften – hatte er das Goetheanum geschaffen. Doch in jener verhängnisvollen Nacht ging das Goetheanum in die feinstoffliche Welt über. Es verbrannte, verließ die irdische Welt und wurde als Bild in die feinstoffliche Welt eingraviert. Rudolf Steiner sagte am frühen Morgen zu Ita Wegman: »Ja, jetzt ist alles in den Weltenäther eingeschrieben.«

Doch seine eigenen ätherischen Kräfte, aus welchen dieses Gebäude entstanden war, und die deshalb so eng damit verbunden waren, wollten dem Weg des Goetheanums folgen: Sie wollten sich ebenfalls in die feinstoffliche Welt zurückziehen, um auf diese Weise mit ihrer eigenen Schöpfung verbunden zu bleiben. Dies bedeutete nicht nur große Lebensgefahr für Rudolf Steiner, sondern stellte auch eine Versuchung dar, nämlich, sich in den Frieden der geistigen Welt zurückziehen zu dürfen, wo er sich auf Erden mit so viel Hass, Widerstand und Unverständnis konfrontiert sah.

Doch seine Liebe zu den Menschen und das Bewusstsein für seine Mission gaben ihm die Kraft, seinen Ätherleib festzuhalten und ihn wieder mit seinem physischen Körper zu verbinden. Aber von jenem Moment an führte der losgelöste Ätherleib zu allerhand körperlichen Beschwerden. Seit dem Brand war er krank, obwohl er weiterarbeitete. Am Tag nach dem Brand – am 1. Januar 1923 – sagte Rudolf Steiner über die Ursache des Feuers: »Hier handelte es sich nicht um Karma, hier ging es nur darum, dass die Mitglieder (der Anthroposophischen Gesellschaft) nicht wach waren.«[149] Doch in jener vergangenen Nacht hatte er sich entschieden, nicht in die geistige Welt zurückzukehren, sondern bei seinem Volk zu bleiben, auch wenn es »schlief«. Damit meinte er: Sie hatten ihr Bewusstsein nicht dafür geschärft zu erkennen, was auf dem Spiel stand. Das macht deutlich, wie viele Opfer Rudolf Steiner bringen musste, um seinen Auftrag auf Erden erfüllen zu können.

17.

Eine irdische Hülle für Anthroposophia

Die wahre Brandursache

Die Zerstörung des ersten Goetheanums traf Rudolf Steiner bis ins Mark. Es war ihm klar, dass die tiefere Ursache des Feuers darin bestand, dass so viele seiner Jünger nicht »wach« waren. Mit anderen Worten, sie nahmen die neuen Erkenntnisse nicht wirklich zutiefst in sich auf und waren sich der weitreichenden Bedeutung der Arbeit an sich selbst und an ihrer eigenen geistigen Entwicklung nicht bewusst genug.

Selbsterkenntnis, Reflexion und innere Wandlung durch geistige Übungen sowie zu lernen, auf der Grundlage der neuen Erkenntnisse anders zu denken – darum musste es gehen. Doch dieser innere Wandel war für viele in den Hintergrund getreten. Offenbar war die Anthroposophie für viele doch zu sehr eine Äußerlichkeit geblieben, oder sie wurde zu intellektuell angegangen.

Das stellte Rudolf Steiner vor die Frage: »Wie konnte es nur so weit kommen?« Es war vor allem diese Frage, die er in den folgenden Monaten schweigend mit sich herumtrug und in Meditationen reflektierte. Nach und nach wurde ihm dabei klar, dass man sich in den letzten Jahren vor allem auf eine schnelle Verbreitung der »Tochterbewegungen« konzentriert hatte, zum Beispiel der anthroposophischen Heilkunde, der Eurythmie, der Waldorf-Pädagogik, der Heilpädagogik, der sozialen Dreigliederung und all den Projekten, die aus diesem Wissen hervorgegangen waren. Diesen Projekten waren die besten Kräfte gewidmet worden, und dies hatte zu beeindruckenden Ergebnissen geführt. Doch dadurch war der Kern, aus dem alles entsprungen war, für eine ganze Reihe von Schülern zweitrangig geworden.

Einige – und vielleicht sogar mehr als vermutet – hatten die eigene spirituelle Entwicklung ebenso zurückgestellt wie die Aufgabe, die neuen Erkenntnisse ganz persönlich, im eigenen Herzen zu bewahren und gemeinsam mit anderen in der lebendigen Gemeinschaft der Anthroposophischen Gesellschaft zu ergründen. Schließlich war es ja Rudolf Steiners Ziel, das Geistige im Menschen wieder mit der geistigen Welt zu verbinden. Deshalb war für ihn die persönliche, innere Aktivität seiner Schülerinnen und Schüler so wichtig. Stattdessen standen aber die Tochterbewegungen im Mittelpunkt.

Drohender Intellektualismus

Darüber hinaus spielte – wie Rudolf Steiner deutlich machte – innerhalb der Anthroposophischen Gesellschaft ein gewisser Intellektualismus eine Rolle, die Tendenz, die Erkenntnisse der Anthroposophie vor allem in das Denken zu integrieren, so dass sie nicht verinnerlicht werden konnten. Natürlich hatte er dies schon vorher bemerkt, aber jetzt wurde ihm klar, zu welchen fatalen Folgen dies geführt hatte. Außerdem – so wurde ihm bewusst – gab es einen wachsenden Konflikt zwischen der älteren und der jüngeren Generation. Zudem beeinflussten auch menschliche Schwächen wie Eifersucht, Ehrgeiz und Eitelkeit die Stimmung innerhalb der Gesellschaft.

Es waren diese verschiedenen Faktoren zusammen, so erkannte Rudolf Steiner, die die Gesellschaft geschwächt hatten und zur eigentlichen Ursache der Zerstörung des Goetheanums geworden waren. Veltman schreibt deshalb auch: »Er konfrontierte die Mitglieder mit dem bitteren Urteil, dass die Ruine des Goetheanums in direktem Zusammenhang mit dem ruinösen Zustand steht, der seit einigen Jahren in der Gesellschaft existiert.«[150] Aus diesem Grund beschloss Rudolf Steiner in jenem Jahr, die Anthroposophische Gesellschaft grundlegend zu erneuern – damit der Kern, und folglich die tiefen Erkenntnisse, wieder in den Mittelpunkt rückten.

Die Geburt des geistigen Wesens Anthroposophia auf Erden

Es gab zudem noch etwas anderes, das Rudolf Steiner in jenem Jahr erkannte. Rückblickend stellte er fest, dass seit 1902, dem Jahr, in dem er Vorsitzender der Deutschen Sektion der Theosophischen Gesellschaft geworden war und seine Arbeit als Esoterik-Lehrer aufgenommen hatte, einundzwanzig Jahre vergangen waren. Einundzwanzig Jahre, also drei Jahrsiebte, in welchen die Essenz der Anthroposophie Schritt für Schritt ans Licht gekommen war. Doch diese Essenz ist kein Ding und ebenso wenig nur ein seelenloser Gedanke, es ist ein lebendiges geistiges Wesen, das in der geistigen Welt lebt – das Wesen *Anthroposophia.* Ganz allmählich, in drei Sieben-Jahres-Zyklen, war es auf die Erde herabgestiegen. Dadurch konnte es nun auf der Erde, im Herzen und in der Seele der Menschen, zu wirken beginnen.

Doch dieses lebendige Wesen, Anthroposophia, konnte das nicht alleine leisten: Sie brauchte und braucht dafür wache Menschen. Nur dann kann sie in der Welt aktiv werden, in die Herzen der Menschen eindringen und ihnen die neuen Erkenntnisse bewusst machen, die sie in die Welt bringen möchte. Welche neuen Erkenntnisse? Als Sophia, als Wesen der Weisheit, will sie die neuen Erkenntnisse über das Wesen und die Zukunft des Menschen (Anthropos) auf die Erde bringen. Als Wesen der Weisheit ist sie Teil des Heiligen Geistes, der von Christus ausgeht. Schließlich ist Sophia ja der Weisheitsaspekt von Christus. Lassen Sie mich das Schritt für Schritt klären.

Zuvor möchte ich erst noch einen Blick auf die ersten einundzwanzig Jahre 1902 – 1923 des Werkes von Rudolf Steiners werfen. Was genau geschah in jenen Jahren? Man könnte diese Jahre zusammengefasst folgendermaßen betrachten:

- Von 1902 – 1909 legte Rudolf Steiner mit seinen Grundlagenbüchern den Grundstein für die Anthroposophie. Man denke an die Bücher, die ich bereits erwähnt habe, wie »Theosophie« (1904) und »Wie erlangt man Erkenntnisse der höheren Welten?« (geschrieben in den Jahren 1904 – 1909). Man könnte sagen, dass Rudolf Steiner in diesen Jahren dem modernen Menschen die grundlegenden Erkenntnisse der Anthroposophie mithilfe eines neuen Denkens auf anschauliche Weise zugänglich gemacht hat. Schließlich hat dieser ja das Bedürfnis, alles zu verstehen. So wurde das Gedankengebäude geschaffen, das die Grundlage für die Weiterentwicklung der Anthroposophie als Geisteswissenschaft legte.
- 1909 – 1916 sind die Jahre, in welchen Rudolf Steiner indirekt aus der Theosophischen Gesellschaft ausgeschlossen wurde, weil der Deutschen Sektion die Konzession entzogen worden war. Danach wurde er Lehrer in der Anthroposophischen Gesellschaft. Aber auch während seiner »theosophischen« Jahre stand er im Dienste der hohen geistigen Wesen, die die Anthroposophie auf die Erde bringen wollten.

  Im zweiten Jahrsiebt wurden die Erkenntnisse, die dem Denken in den vorangegangenen sieben Jahren zugänglich geworden waren, mithilfe der Kunst in eine tiefere innere Erfahrung verwandelt. Man denke beispielsweise an die Dekoration des Münchner Kongresses und die Mysteriendramen. Doch darüber hinaus brachte Rudolf Steiner in jenen Jahren auch die Mysterien Jesu Christi ans Licht und machte sie dem modernen Menschen zugänglich. Er tat dies durch Vorträge, die auch die Gefühle ansprechen.

Wir sehen also, dass in diesem zweiten Jahrsiebt der Schwerpunkt auf das Gefühlselement gelegt wurde. Nun wurde klar, dass die Anthroposophie auch »Christosophie« ist, die Weisheit über oder die tiefere Einsicht in die Geheimnisse Jesu Christi – eine überraschende Entdeckung nicht nur für viele Schüler Rudolf Steiners damals, sondern auch heute noch.

- 1916 – 1923 waren die Jahre, in welchen die Tochterbewegungen der Anthroposophischen Gesellschaft, die Eurythmie, die Waldorf-Pädagogik, die soziale Dreigliederung und die medizinisch-pharmazeutische Bewegung, Gestalt annahmen. Man kann sagen, dass in jenen Jahren das Element des Wollens im Vordergrund stand. Mit großer Willenskraft wurden in all diesen Bereichen anthroposophische Erkenntnisse entwickelt und in gesellschaftserneuernde Bewegungen und Unternehmungen transformiert.

So entstand innerhalb von drei Jahrsiebten die Grundlage für das Wirken des Wesens Anthroposophia an der Seele des Menschen. Ein Menschenkind entwickelt nach der Geburt in drei Jahrsiebten den physischen Körper, den Ätherleib und den Astralleib. Dann erst kann der junge Erwachsene beginnen, sich seiner persönlichen Lebensaufgabe auf Erden zu widmen. In gleicher Weise entwickelte das Wesen Anthroposophia in drei Jahrsiebten eine irdische Hülle, die es ihr ermöglichte, sukzessive auf das Denken, Fühlen und Wollen der Menschen einzuwirken.

Es war Rudolf Steiner, der mit seinem Werk den Abstieg des geistigen Wesens Anthroposophia auf die Erde ermöglichte. Doch nun, in jenem ereignisreichen Jahr 1923, dem Jahr nach dem fatalen Brand, sah er, dass der Moment gekommen war, da das Wesen Anthroposophia auf der Erde aktiv werden konnte: Der Geburtsprozess war gewissermaßen abgeschlossen. Nur – die »alte« Anthroposophische Gesellschaft war nicht dafür geeignet, ihm als Hülle zu dienen ... Das war das letztendliche Fazit Rudolf Steiners in jenem bewegten Jahr 1923.

Deshalb unternahm Rudolf Steiner radikale Schritte: Die alte Anthroposophische Gesellschaft wurde aufgelöst, stattdessen wurde eine neue Anthroposophische Gesellschaft gegründet. Diese neue Vereinigung sollte die geeignete irdische Hülle oder den geeigneten irdischen Körper für das Wesen Anthroposophia bilden.[151]

Die Weihnachtstagung

Der Vorstand der »alten« Anthroposophischen Gesellschaft hatte seinen Sitz in Stuttgart, weit entfernt von Dornach in der Schweiz. In der Folge hatten die Stuttgarter Vorstandsmitglieder den Kontakt zur Entwicklung der Anthroposophie verloren, weil diese in Dornach verlief. Rudolf Steiner stellte fest, dass dem Vorstand in Stuttgart der nötige Enthusiasmus fehlte. Er sagte: »Das (Begeisterung) ist das, was wir hier brauchen. Und das ist es, was hier fehlt. Hier herrscht Kälte, und das ist schrecklich. Die Leute, die hier sitzen – es ist so kalt, dass einfach keine Wärme möglich ist.«[152] Das ist doch eine sehr vielsagende Feststellung!

Darüber hinaus, so stellte er fest, wurden von seinen Schülern in den verschiedenen Ländern alle möglichen Initiativen ergriffen, die wie loser Sand miteinander verbunden waren. Es gab keine Kohärenz und überhaupt keine Zusammenarbeit. Wegen all dieser Unzulänglichkeiten konnte die »alte« Anthroposophische Gesellschaft nicht die geeignete Hülle für das Lebewesen Anthroposophia sein. Deshalb wollte

Rudolf Steiner eine neue Struktur, die dem, was das Wesen Anthroposophia bewirken wollte, nahe kam. Zu diesem Zweck inspirierte er zunächst seine Schüler in den verschiedenen Ländern, in welchen sie aktiv waren, zur Gründung einer nationalen Anthroposophischen Gesellschaft. So wurde in Norwegen, Österreich, England sowie in anderen Ländern eine Anthroposophische Gesellschaft gegründet. Auch in den Niederlanden wurde die Anthroposophische Gesellschaft 1923 – im Beisein von Rudolf Steiner – gegründet. Der erste Vorsitzende dieser Gesellschaft wurde Willem Zeylmans van Emmichoven, der bis zu seinem Tod im Jahr 1961 Vorsitzender war. Inzwischen sind in vielen Ländern auf allen fünf Kontinenten nationale Gesellschaften gegründet worden.

Doch – und das war der zweite Schritt – Rudolf Steiner wollte alle diese nationalen Gesellschaften auf harmonische Weise miteinander verbinden und sie zur Zusammenarbeit bewegen. Deshalb wurde anlässlich der so genannten Weihnachtstagung 1923 in Dornach die Allgemeine Anthroposophische Gesellschaft gegründet, in welcher alle Ländergesellschaften zusammenarbeiten. Rund 800 Menschen aus aller Welt versammelten sich damals in der Schreinerei, die neben dem Scheiterhaufen des abgebrannten Goetheanums stand. Eine erwartungsvolle, nach dem Zeugnis einiger sogar heilige Stimmung prägte diese Tage, trotz der Tatsache, dass die Ruine des abgebrannten Goetheanums jeden immer wieder an diesen fatalen Anschlag und die Schuld erinnerte, die Rudolf Steiners verschlafene Schüler selbst daran trugen.

Die Anwesenden wurden Zeugen der Gründung der »neuen« Anthroposophischen Gesellschaft, deren Vorsitz Rudolf Steiner selbst übernahm. Dies war eine Entscheidung von großer Tragweite. Bei der »alten« Anthroposophischen Gesellschaft war er – wie wir bereits festgestellt haben – weder Vorsitzender noch Vorstandsmitglied. Er war

»lediglich« ein Esoterik-Lehrer oder spiritueller Lehrer. Doch nun verband er, indem er Vorsitzender der »neuen« Allgemeinen Anthroposophischen Gesellschaft wurde, sein persönliches Schicksal mit dem der Gesellschaft und übernahm das Karma dieser Gesellschaft. Dies könnte man als Opfer bezeichnen: Alle Konflikte, die später in der Gesellschaft auftraten, nahm er dadurch mit in sein eigenes Karma auf.

Neben Rudolf Steiner saßen auch Marie Steiner sowie Ita Wegman, Albert Steffen, Elisabeth Vreede und Günther Wachsmuth im Vorstand. Die Vereinigung hatte damals 13.000 Mitglieder, die über die ganze Welt verteilt waren. Rudolf Steiner schloss diese besondere Veranstaltung mit einer Reihe von acht Vorträgen an acht aufeinander folgenden Tagen ab.

Rudolf Steiner nannte das erste Gremium »ein esoterisches Gremium«. Natürlich hatte dieses Gremium auch alle möglichen geschäftlichen Regelungen und Entscheidungen zu treffen. Die wichtigste Aufgabe dieses Gremiums bestand jedoch darin, die Arbeit Rudolf Steiners fortzuführen und öffentlich zugänglich zu machen. Die neue Gesellschaft wurde daher zu einer offenen Vereinigung: Jeder, der möchte, kann Mitglied werden, unabhängig von Religion, Beruf oder Nationalität. Er (oder sie) kann Mitglied werden, wenn die Anthroposophie ihn (sie) anspricht.

Der Zauber des Grundsteinspruches

An den acht aufeinanderfolgenden Tagen der Weihnachtstagung las Rudolf Steiner täglich Teile des Grundsteinspruches – auch »Grundsteinmeditation« genannt – vor und baute diese auf. Es handelt sich hierbei um einen vierteiligen mantrischen Spruch, der die Verbindung des dreigliedrigen Menschenwesens (Körper, Seele und Geist) mit der göttlichen Trinität zum Ausdruck bringt. Im Rahmen dieses Buches kann ich nicht näher auf diesen beeindruckenden Text eingehen, doch jeder Schüler Rudolf Steiners nimmt diesen Spruch früher oder später in seinem Herzen auf, um ihn dort zum Grundstein des Wesens Anthroposophia werden zu lassen.[153] Wenn dieser Grundstein im Herzen eines Menschen lebt, kann Anthroposophia dort eintreten und aktiv werden.

Im vierten und letzten Teil des Grundsteinspruches wird das Kommen und Wirken Christi als *das Kommen des Welten-Geistes-Lichts in den irdischen Wesensstrom* erwähnt. Er beschreibt, wie zu Beginn der Zeitrechnung Hirten und Könige als Vertreter der Menschheit Licht erhalten, das ihre Herzen erwärmt und ihre Köpfe erhellt. Der Spruch endet mit der Bitte an die Christus-Sonne, sie möge auch unsere Herzen erwärmen und unsere Köpfe erleuchten. Nur dann werden wir die lebendige irdische Hülle für Anthroposophia und damit auch für das Christuswesen bilden können. Nur dann werden wir lernen, Kopf und Herz miteinander zu verbinden und Denken und Fühlen in eine Einheit zu verwandeln, um zu einem lebendigen Ebenbild der Anthroposophia zu werden. Diese vierte Strophe lautet:

In der Zeiten-Wende
Trat das Welten-Geistes-Licht
In den irdischen Wesensstrom;
Nacht-Dunkel
Hatte ausgewaltet;
Taghelles Licht
Erstrahlte in Menschenseelen;
Licht,
Das erwärmet
Die armen Hirtenherzen;
Licht,

Das erleuchtet
Die weisen Königshäupter.

Göttliches Licht,
Christus-Sonne,
Erwärme
Unsere Herzen;
Erleuchte
Unsere Häupter;

Dass gut werde,
Was wir aus Herzen
Gründen,
Was wir aus Häuptern
Zielvoll führen wollen.[154]

18.

Die Schüler, die er brauchte

Die vielen Freundinnen und Freunde

Rudolf Steiner hatte viele Schülerinnen und Schüler, die ihm für einen kürzeren oder längeren Zeitraum ihres Lebens mit all ihren Kräften zur Seite gestanden haben. Die wichtigste von ihnen ist natürlich Marie von Sivers, die spätere Marie Steiner. Sie hat Rudolf Steiner seit ihrem ersten Treffen im Jahr 1900 kontinuierlich unterstützt und ihm gedient. Sie gab ihre eigene Karriere als Schauspielerin auf, setzte sich daher mit großer Kraft für Rudolf Steiner und die Anthroposophie ein. Sie arrangierte insbesondere die Reisen, die er unablässig unternahm, erledigte aber auch selbstlos Sekretariatsaufgaben und veranlasste später die Veröffentlichung seiner Vorträge in Buchform. Auch nach Rudolf Steiners Tod im Jahr 1925 setzte sie dieses Werk bis zu ihrem eigenen Tod 1948 gewissenhaft und mit großer Liebe fort. Marie Steiner widmete sich außerdem, unterstützt von Rudolf Steiner, mit großer Begeisterung der Entwicklung der Eurythmie.

Darüber hinaus arbeitete Rudolf Steiner – um nur ein Beispiel zu nennen – jahrelang mit der englischen Bildhauerin Edith Maryon zusammen, mit welcher er gemeinsam den »Menschheitsrepräsentanten« gestaltete. Während der Stunden, in welchen sie gemeinsam im Atelier arbeiteten, durfte sie niemand stören. Edith Maryon machte das allen sehr deutlich.

Es gab daneben auch Freunde wie Christian Morgenstern, den jung verstorbenen Dichter, dessen Freundschaft für Rudolf Steiner eine tragende Kraft darstellte. Auch Édouard Schuré war ihm wichtig – er war jemand, der Rudolf Steiner sofort erkannt hatte. Es muss für Rudolf Steiner herzerwärmend gewesen sein, dass Édouard Schuré sein tiefstes Wesen sofort erfasst hatte. Über seine Begegnung mit Rudolf Steiner schrieb er: »Als er an der Tür stand und mich mit Augen anblickte, die das Wissen um die Höhen und Tiefen der menschlichen Entwicklung verrieten, mit einem fast asketischen Gesicht, das sowohl Güte als auch unendliches Vertrauen ausdrückte und ausstrahlte, machte er auf mich einen überwältigenden Eindruck.« Im selben Moment wusste Schuré: »(…) dass ich einen großen Eingeweihten vor mir stehen sah. Lange Zeit hatte ich im Geiste mit Eingeweihten aus der Antike gelebt. Ich wusste, wie sie sich entwickelt hatten. Und nun stand hier ein Eingeweihter vor mir, hier auf Erden.«[155]

Eine weitere Freundschaft, die Rudolf Steiner viel bedeutete, war die mit Friedrich Rittelmeyer. Er nannte ihn einen »engsten Freund«.[156] Friedrich Rittelmeyer sprach sich in verschiedenen Artikeln öffentlich für Rudolf Steiner aus, und das tat ihm mehr als gut. Er sagte zu Rittelmeyer: »Wenn es nur fünf von uns gäbe, die so schreiben könnten wie Sie, könnten wir einen Durchbruch erzwingen.«[157] Doch es war vor allem Rittelmeyers Treue, die ihn am meisten berührte – er setzte für ihn seinen eigenen Ruf in der kirchlichen Welt aufs Spiel. Die meisten anderen wagten das nicht und kamen vor allem zu Rudolf Steiner, um etwas bei ihm zu holen.

Es gab noch viel mehr Freundinnen und Freunde, die ihn mit ihrer Liebe trugen, dass ich die vielen Namen jetzt nicht alle hier nennen kann. Es gab noch so viele andere Menschen, mit welchen Rudolf Steiner sich tief verbunden fühlte. Dabei hatte er ein tiefes Vertrauen in seine Freunde und Freundinnen und brauchte ihre Freundschaft und Hingabe. Ohne ihre geistigen Kräfte wäre er nicht in der Lage gewesen, seine hohe Mission zu erfüllen, und er wäre nicht zu dem großen Lehrer der Menschheit geworden, den wir heute so sehr brauchen.

Die Intensität dieser Freundschaften wechselte. Manchmal brauchte Rudolf Steiner einen bestimmten Freund oder eine bestimmte Freundin für eine Weile besonders, ein anderes Mal einen anderen Freund oder eine andere Freundin. In einer solchen Phase wurde die Freundschaft intensiver als sonst. Man denke zum Beispiel an seine Freundschaft mit Edith Maryon, die just während ihrer Zusammenarbeit am »Menschheitsrepräsentanten« sehr intensiv war. Aber alle Freundschaften standen im Zeichen von Anthroposophia: Sie war es, die diese Freundschaften durchströmte und segnete.

Eine epochale Frage

Eine Freundschaft, die für Rudolf Steiner in seiner letzten Lebensphase von entscheidender Bedeutung war, war die mit Ita Wegman. Sie hatten sich 1902 zum ersten Mal getroffen, doch erst 1907 entschied sie sich innerlich endgültig für die Erkenntnisse Rudolf Steiners. Sie war (1907) auf dem Kongress in München anwesend und hatte die Konflikte zwischen Annie Besant und Rudolf Steiner wahrgenommen. Sie spürte, dass sie sich zwischen diesen beiden Richtungen entscheiden musste. Bei einem Treffen mit Rudolf Steiner kurz darauf sagte sie: »Ich bleibe bei Ihnen.«[158] Im Jahr 1906 begann sie, in Zürich Medizin zu studieren. Sie entschied sich (nach Rücksprache mit Rudolf Steiner und Marie Steiner) für diese Universität in der Schweiz, weil dort Frauen zugelassen wurden, was anderswo meist noch nicht der Fall war. Nach ihrem Studium arbeitete sie als Ärztin unter anderem in Zürich; doch 1921 gründete sie eine Privatklinik in Arlesheim in der Nähe von Dornach.

1923 unternahm Rudolf Steiner eine Reise nach England und Wales, um Vorträge zu halten. Ita Wegman begleitete ihn. Auf dieser Reise hielt er unter anderem einen Vortrag in Penmaenmawr in Wales. Dies ist ein besonderer Ort, an dem spirituelle und kraftvolle Energien die Atmosphäre bestimmen. Dadurch war die Welt der Elementarwesen für fast alle Anwesenden greifbar. War es wegen dieser besonderen Energien, dass Ita Wegman Rudolf Steiner während dieser Reise eine wichtige, eine epochale Frage stellte? Sie fragte ihn nach einer Heilkunde, die der Mysterienweisheit entsprang – und damit nach einer Mysterien-Medizin: »Ich hätte so gerne eine Heilkunde, wie es sie in der Zeit der Mysterienkultur gab.«

Genau auf diese Frage hatte Rudolf Steiner sozusagen gewartet: Jetzt konnte er zusammen mit Ita Wegman die anthroposophische Heilkunde entwickeln. Als Eingeweihter der heutigen Zeit durfte er neue Entwicklungen nur dann initiieren, wenn ihn jemand darum bat – es musste von den Menschen selbst kommen. Das ist charakteristisch für die Gegenwart: Neue Entwicklungen werden den Menschen nicht mehr einfach aus der geistigen Welt zugetragen; die Menschen selbst müssen bewusst danach fragen. Das ist die Art und Weise, wie die geistige Welt heute die Freiheit des modernen Menschen bewahrt – und so bewahrte auch Rudolf Steiner diese Freiheit, indem er neue Erkenntnisse nur dann vermittelte, wenn jemand ihn darum gebeten hatte.

Deshalb war diese Frage von Ita Wegman so bedeutungsvoll – und es war diese Frage, die an der Wiege der anthroposophischen Medizin stand, die Rudolf Steiner in der Folge mithilfe von Ita Wegman entwickelte. Von jenem Moment an begann die – von Anthroposophia bestimmte – intensive Zusammenarbeit zwischen Rudolf Steiner und Ita Wegman.

Aufgrund der Frage nach der Mysterien-Medizin geschah etwas Besonderes mit Ita Wegman: Ihr wurde plötzlich klar, dass sie Rudolf Steiner schon viel länger kannte, und dass sie bereits in früheren Leben eine tiefe Bindung zu ihm hatte – er war schon damals ihr Lehrer gewesen. Sie erkannte, dass sie dieses Gefühl auch bereits in der Nacht des fatalen Brandes am Goetheanum gehabt hatte, dass diese Intuition jedoch damals wieder verblasst war, weil sie ihre ganze Aufmerksamkeit brauchte, um Rudolf Steiner zu helfen, der in jener Nacht zu sterben drohte. Aber jetzt, in der besonderen Stimmung von Penmaenmawr, kehrte diese Intuition wieder zurück. Rudolf Steiner bestätigte ihre Intuitionen und erzählte, dass sie bereits in einem früheren Leben seine Schülerin gewesen sei. Es waren diese beiden Ereignisse: Ita Wegmans Frage nach einer Mysterien-Medizin und ihre Frage nach vergangenen Leben, die die Bande zwischen den beiden vertieften.

Ihr größter Verdienst

Seit der Nacht des Brandes war Rudolf Steiner im Grunde schwer krank. Die Tatsache, dass er ab jener Nacht noch mehr als weitere zwei Jahre leben und sogar arbeiten konnte, hatte er hauptsächlich Ita Wegman zu verdanken. Sie wusste nicht nur durch ihr medizinisches Wissen und ihre Pflege, sondern auch durch die geistigen Kräfte, die von ihr ausgingen, ihn vor dem Tod zu bewahren. Seit der Nacht des Brandes am Goetheanum bestand die ständige Gefahr, dass Rudolf Steiners Ätherleib seinen physischen Körper ganz loslassen würde – und das hätte seinen Tod bedeutet. Aber es waren die Geisteskräfte von Ita Wegman, die ihm immer wieder halfen, den Ätherleib von dieser totalen Loslösung abzuhalten.

Tatsächlich war es die Verbindung ihrer beider Kräfte, die es höheren geistigen Wesen ermöglichte, auf Rudolf Steiner einzuwirken und ihn vor dem Tod zu bewahren. Im Matthäus-Evangelium sagt Jesus Christus: »Denn wo zwei oder drei versammelt sind in meinem Namen, da bin ich mitten unter ihnen.«[159] Rudolf Steiner und Ita Wegman waren in ihrer Freundschaft im Geiste Christi beieinander. Daher war Christus selbst in ihrer Mitte gegenwärtig, und seine Geisteskräfte konnten aktiv werden. Es waren diese Kräfte, die Rudolf Steiner noch so lange am Leben hielten – und zwar von jener Brandnacht am 1. Januar 1923 bis zu seinem Tod am 30. März 1925.

In jenen mehr als zwei Jahren hat er uns unglaublich viel geschenkt: Das tiefe Wissen um Karma und Reinkarnation, den Einblick in Wesen und Werk Michaels sowie die Entwicklung der biologisch-dynamischen Landwirtschaft, der anthroposophischen Heilkunde und der Heilpädagogik. Es war die geistige Verbundenheit zwischen Ita Wegman und Rudolf Steiner, die es ermöglichte, dass er uns diese Gaben noch schenken konnte. Dies war die eigentliche Bedeutung von Ita Wegman, ihr größter Beitrag zum Werk Rudolf Steiners.

Rudolf Steiner liebte Ita als väterlicher Freund oder wie ein Mysterienlehrer seine Schülerin. Norbert Glas, einer der Schüler Rudolf Steiners aus jener Zeit, erzählt von seinen Erinnerungen an Ita Wegman: »Er schaute mit liebevollem Blick zu ihr nieder. In diesem Moment erinnerte er mich an einen Vater, der seine erwachsene Tochter mit Bewunderung und ritterlicher Verehrung anschaut und zugleich sehr stolz auf sie ist.«[160]

Rudolf Steiner schrieb ihr am 11. Juni 1924, als er schon schwer krank war, aber noch Vorträge hielt, aus Koberwitz einen Brief. In diesem Brief bezeichnete er sie als seinen »ersten unerschütterlichen Freund«, wobei er das Wort »Freund« unterstrich.[161] Wenn man versucht, sich hineinzufühlen und hineinzudenken, was Rudolf Steiner mit diesen Worten gemeint haben mag (er hatte doch wahrscheinlich noch mehr unerschütterliche Freunde), dann ist es, als sähe man vor sich, wie Rudolf Steiner sich damals gerade noch auf den Beinen halten konnte. Kurze Zeit später, am 28. September jenen Jahres, wurde er so krank, dass er das Bett hüten musste und schließlich verstarb. Aber in jenen so schwierigen Tagen und Monaten, die seinem Krankenbett vorausgingen, waren es die geistige Kraft von Ita Wegman und ihre bedingungslose Treue zu ihm und seiner Mission, auf die er sich stützte und die ihn aufrechthielten. So gesehen haben wir ihr viel zu verdanken: Die vielen Vorträge, die weitreichenden Erkenntnisse und die Impulse für neue Entwicklungen, die er uns seit der Brandnacht noch geschenkt hat, sind für die weitere Entwicklung der Anthroposophie entscheidend geworden.

Seine Krankheit und sein Tod

Während der Monate seiner Krankheit war es Ita Wegman, die ihn versorgte. Ed Taylor erzählt: »Ab dem 1. Oktober zog Ita Wegman in einen kleinen Nebenraum des Ateliers, damit sie seine Pflege übernehmen konnte. Sie war Tag und Nacht da, um seine Wünsche erfüllen zu können, Besucher von ihm fernzuhalten und ihn pflegen zu können. Das Zimmer war klein und primitiv, es gab keine Küche, und die Wände der Baracke waren so dünn, dass es im Winter auch drinnen kalt war. Von diesem kleinen Raum aus führte sie ihre Klinik weiter, ließ eine Telefonleitung legen und sorgte dafür, dass Hilma Walter (ihre Assistentin) jeden Tag vorbeikam, um sie über Patienten zu informieren und die Korrespondenz zu besprechen.[162]

Während der Monate, die er im Bett lag, schrieb Rudolf Steiner die sogenannten »Michael-Briefe«. In diesen Briefen beschreibt er in kurzen Artikeln, was Michael bewegt, was er anstrebt, was er sieht, erlebt und erfährt.[163] Die Tatsache, dass wir heutzutage jedes Jahr am 29. September das Michaeli-Fest feiern können, verdanken wir vor allem den Impulsen, die er uns damals in den Michael-Briefen von seinem Bett aus mitgegeben hat.

Wie ich bereits eingangs dargelegt habe, hegten sowohl Rudolf Steiner als auch Ita Wegman lange Zeit die Hoffnung auf Besserung. Erst in den letzten Tagen vor seinem Tod wurde klar, dass eine Heilung nicht mehr möglich war. Am 30. März 1925 verstarb er. Ein Tod, den Ita Wegman intensiv miterlebte. Sie erzählte davon: »Sein Dahinscheiden war wie ein Wunder. Er ging, als ob es selbstverständlich gewesen sei. Es war, als wäre die Entscheidung im letzten Moment gefallen. Und als sie gefallen war, gab es keinen Kampf und keinen Versuch mehr, noch weiter auf der Erde zu bleiben. Er schaute eine Weile ruhig vor sich hin, sagte noch ein paar liebe Worte zu mir, schloss bewusst die Augen und faltete die Hände.«

»Man brauchte ihn in der geistigen Welt – das war offensichtlich. Genauso, wie es klar war, dass er der geistigen Welt wichtige Dinge zu berichten hatte, die nur er berichten konnte.«[164]

Der Gottesfreund

Ihre bewegende Schilderung von Rudolf Steiners Tod schließt Ita Wegman mit folgenden Worten ab: »Wir müssen uns jetzt selbst helfen können. Er wusste, dass dies möglich war, vor allem auch in der letzten Phase seiner Krankheit, und das erfüllte ihn mit Freude, aber auch mit Wehmut, weil er es vorzog, uns nicht allein zu lassen. Oh, er hat uns alle so sehr geliebt!

Wir müssen jetzt die Zeit vorbereiten, in der ihm ein weiterer irdischer Auftrag erteilt wird, und bald wird diese Zeit kommen. Jetzt müssen wir stark sein und die Hoffnung bewahren; wir müssen auch versuchen, seine Impulse aus der geistigen Welt in uns aufzunehmen. Wir spüren ihn unter uns, den besonderen, den wundervollsten Menschen, den Gottesfreund.«[165]

19.

Was die Menschen heutzutage mit Rudolf Steiner erleben

Sie bereichern mich immer mehr

Wie erleben die Menschen Rudolf Steiner heute? Welche Rolle spielt er in der heutigen Zeit – etwa ein Jahrhundert nach seinem Tod – für die Menschen, die sich mit ihm und seinen Erkenntnissen verbunden haben? Einige von ihnen – so sagen sie – begegnen ihm in ihren Träumen, andere erleben seine Gegenwart auf viele andere unterschiedliche Weisen. Wieder andere fühlen sich vor allem durch seine Erkenntnisse inspiriert und unterstützt. So unterschiedlich die Menschen sind, so unterschiedlich ist auch ihre Beziehung zu Rudolf Steiner und ihre Verbundenheit mit ihm.

Ich möchte einige Beispiele anführen. Ein älterer Mann erzählte mir, dass er eines Nachts unerwartet von Rudolf Steiner geträumt habe. Seine Geschichte lautet wie folgt:

»In meinem Traum betrat ich einen großen länglichen Saal. Als ich eintrat, sah ich Rudolf Steiner auf einer langen Bank an einem Tisch sitzen: Ich sah ihn von hinten. Zu seiner Rechten saßen eine Reihe von Leuten, die ich für seine Schüler hielt, auf der Bank. Zu seiner Linken saß niemand. Deshalb habe ich mich dort hingesetzt. Als ich dort saß, neben Rudolf Steiner, legte er seinen Arm um meine Schultern und sagte: ›Bist du endlich da? Ich habe auf dich gewartet, denn du bist mein Schüler.‹ Ich spürte bei seinen Worte eine tiefe Freude in meinem Herzen aufsteigen. Ich hatte das Gefühl, endlich zu Hause angekommen zu sein. Seither widme ich mich seinem Werk auf meine eigene Art und Weise und studiere darüber hinaus seine Bücher. Sie bereichern mich immer mehr. Dank seiner Bücher beginne ich endlich, etwas vom Leben zu verstehen.«

Ein Geistlicher erzählte mir von dieser Erfahrung:
»Eines Tages, als ich auf dem Weg zu einem Vortrag über das Christentum vor eine großen Gruppe muslimischer Frauen etwas angespannt war, erlebte ich plötzlich deutlich, dass Rudolf Steiner auf dem Bürgersteig neben mir mitging.«

Eine andere Frau beschäftigte sich schon seit Jahren mit den Büchern Rudolf Steiners: Seitdem sie sie entdeckt hatte, konnte sie nicht mehr aufhören, sie zu lesen und zu studieren. Sie schreibt:

»Ich habe keine Träume oder andere Erfahrungen von oder mit Rudolf Steiner, doch ich seufze regelmäßig aus Dankbarkeit ihm gegenüber für all die Erkenntnisse, die er mir vermittelt hat und die es mir ermöglichen, die verschiedensten Dinge in meinem eigenen Leben und im Leben im Allgemeinen besser zu verstehen und leichter damit umzugehen. Ich darf gar nicht daran denken, was wäre, wenn ich dieses Wissen, das ich durch ihn erhalten habe, und das mir viel Kraft und Halt gibt, nicht erhalten hätte.«

Das Interessante ist, dass es auch Menschen gibt, für die Rudolf Steiners Bücher zu schwierig und zu schwer sind. Und doch erleben sie auf ihre eigene Weise eine wachsende Verbindung mit ihm. So erzählt jemand:

»Ich machte mit der Anthroposophie und Rudolf Steiner Bekanntschaft, als ich meinen zukünftigen Ehemann kennen lernte. Bei ihm zu Hause wurden Vorträge gelesen, aber ich konnte damit wirklich nichts anfangen. Steiner selbst zu lesen, hat noch nie Sinn gemacht.

Ich habe nichts davon verstanden und ich hatte/habe auch nicht die Geduld dafür.

Wo ich auf Rudolf Steiner gestoßen bin, ist in der Praxis: Das breite Allgemeinwissen, das ich beispielsweise bei ehemaligen Waldorf-Schülern angetroffen habe. Aber ganz konkreten Zugang habe ich durch die ›Aufziehtests‹ erhalten, die Steiner irgendwo beschreibt. Sie wurden und werden überall angewendet: Löschpapier in eine Lösung der zu untersuchenden Masse eigener Wahl hängen und die Flüssigkeit ins Papier einziehen lassen. Mein Mann und ich taten dies unter anderem mit fein zerkleinertem Gemüse und prüften so, ob ein Unterschied zwischen dem biologisch-dynamischen und dem nicht biologisch-dynamischen Gemüse zu erkennen war. Es ist lange her, ich weiß nicht mehr genau, was wir gesehen haben, und es war überhaupt nicht wissenschaftlich, aber ich glaube, dass das Ergebnis dieser Sonntagnachmittagstests der Beginn meines Bewusstseins für die Bedeutung von biologisch-dynamischem Gemüse war und dazu führte, dass ich jahrelang biologisch-dynamisches Gemüse verteilte und später auch ein kleines Verteilungszentrum zu Hause in der Garage hatte.«

Ein Mann erfuhr einmal stille Hilfe durch Rudolf Steiner. Er erzählte:

»Einmal musste ich eine schwierige Entscheidung treffen. Ich konnte zwischen verschiedenen Möglichkeiten wählen. Da stand, völlig unerwartet, Rudolf Steiner vor mir. Er schaute mich freundlich an mit einem Blick, der mir sagte: ›Du weißt es doch genau.‹ Im selben Moment wusste ich plötzlich sehr genau, welche Wahl ich tief im Inneren eigentlich treffen wollte. Ganz ohne Zweifel. So etwas hatte ich noch nie zuvor erlebt, und so etwas habe ich auch später nie mehr erlebt. Aber ich bin ihm auch heute noch dankbar, dass er gekommen ist, um mir zu helfen, mir bewusst zu werden, was ich wirklich wollte.«

Ein Mann, der in einer Anthroposophen-Familie aufgewachsen ist, berichtet:

»Für mich ist Rudolf Steiner eigentlich schon mein ganzes Leben lang präsent. Als Kind auf einem Foto bei mir zu Hause, dann als ein Mann, der ein bisschen ernst, aber faszinierend aussah. Später, an der Waldorfschule in Den Haag, war er auch wieder in meinem Leben präsent. Damals besonders als jemand, der für eine Reihe von Lehrern, die ihn noch persönlich erlebt hatten, eine große Inspirationsquelle und Lehrer gewesen war. Und in meinen nächsten Lebensphasen schien er mich, wegen seiner oft recht schwierigen Bücher und Vortragszyklen, dazu herauszufordern, mitten in der Gesellschaft zu stehen und ›dieselben Dinge anders zu betrachten‹. Er wurde zu meinem ständigen Begleiter.

Jetzt, da ich langsam auf mein Leben zurückblicken kann, ist aus dem streng blickenden Rudolf Steiner aus meiner Kinderzeit ein Mensch geworden, der darunter gelitten haben muss, dass ihn nur wenige Menschen seiner Zeit verstanden haben. Übrigens glaube ich, dass diese Herausforderung, ›dieselben Dinge anders zu betrachten‹, auch in unserer heutigen Zeit noch immer gilt und es jetzt, vielleicht mehr denn je, darum geht, Dinge, Ideen und Ereignisse in der Gesellschaft auf diese Weise ›anzuerkennen‹. Es hat sich herausgestellt, dass die Ansatzpunkte, die Steiner schon zu seiner Zeit aufgezeigt hat, jedes Mal wieder neue Perspektiven eröffnen. In diesem Sinne ist Steiner inzwischen auch mein Lehrer geworden.«

Ein anderer berichtet:

»Ich bin nicht mit der Waldorfschule oder Anthroposophie aufgewachsen, sondern habe Rudolf Steiner erst später im Leben kennen gelernt.

Es war Liebe auf den ersten Blick. Diese Augen mit dem intensiven Blick in diesem ernsten Gesicht fielen mir sofort auf, und seine Erkenntnisse berührten sofort mein Herz.

Ich durfte ihn mehrmals sehen. Er gab und gibt mir auch Hinweise, wenn ich keinen Rat mehr weiß, oder er erscheint mir im Traum.

Durch diese Begegnungen weiß ich noch besser, dass ich hier auf der Erde eine Aufgabe zu erfüllen habe.

Es ist erstaunlich, dass man eine so tiefe Verbundenheit mit jemandem spüren kann. Ich bin mir sicher, wir sind uns früher schon einmal begegnet …«

Ich hoffe aufrichtig, dass Sie, liebe Leserinnen und Leser, ebenfalls eine persönliche Verbindung mit Rudolf Steiner aufbauen können. Ich hoffe außerdem, dass es immer wieder Menschen geben wird, die sich von Rudolf Steiner und dem Wissen, das er uns geschenkt hat, dazu inspirieren lassen, sein Werk aufzugreifen und weiterzuführen. Um dazu beizutragen, habe ich dieses Buch geschrieben.

Nachwort

Für alle, die Rudolf Steiners Werk lesen und möglichst viel von den Erkenntnissen, die er uns schenkt, verstehen wollen, gilt Folgendes: Man kommt mit diesen Erkenntnissen nur dann in Verbindung, wenn man sie nicht nur mit seinem Denken und seinem Einfühlungsvermögen aufnimmt, sondern auch bereit ist, an sich selbst zu arbeiten.

An sich selbst zu arbeiten – das erfordert die Bereitschaft, sich selbst ehrlich zu betrachten, damit man Selbsterkenntnis gewinnt. Es erfordert die Bereitschaft, meditativ zu leben und sein Inneres für Möglichkeiten zu öffnen, die das intellektuelle Denken übersteigen. Dann wird man sich beispielsweise der verborgenen Bedeutung dessen bewusst werden, was wir »Zufall« nennen.

An sich selbst zu arbeiten – das erfordert die Bereitschaft, den Weg der Initiation zu gehen, damit eine höhere, geistige Form des Denkens und Fühlens möglich wird. Wenn Sie diesen Weg gehen, werden die vielen Gaben, die in Rudolf Steiners Werk schlummern, Ihre Seele bereichern.

Mit anderen Worten: Dieses Buch bittet darum, nicht nur mit dem Kopf, sondern auch mit dem Herzen gelesen zu werden.

In Rudolf Steiners Werk taucht der Begriff »Einweihungsweg« regelmäßig auf. Damit ist der Weg des spirituellen Wachstums gemeint, dem wir folgen, wenn wir bereit sind, aus den vielen Lebenslektionen, die uns präsentiert werden, zu lernen.

Wer so lebt, wird die Entdeckung machen, die Dag Hammarskjöld einmal wie folgt beschrieben hat:

»Ich weiß nicht, wann sie gestellt wurde.
Ich erinnere mich nicht, geantwortet zu haben.
Aber einmal habe ich ›Ja‹ gesagt – zu irgendjemandem oder irgendetwas.
Von jenem Moment an weiß ich mit Gewissheit, dass das Leben sinnvoll ist und dass mein Leben ein Ziel hat.«[166]

Auf unserem Einweihungsweg wächst das innere Bewusstsein, dass das Leben nicht sinnlos ist, sondern einen höheren Sinn hat. Aus Rudolf Steiners Werk können wir folglich lernen, was Sinn und Ziel unseres Lebens sind. Er erklärt uns dies auf klare, logische Weise.

Das ist sein Geschenk an uns.

Lass‘ dich von seiner Liebe berühren

Ein Leben lang wusste sich Rudolf Steiner berufen,
doch wer oder was ihn berufen hatte, wusste er nicht.
Erst als Christus sich ihm auf dem Golgatha-Hügel offenbarte
und ihn an seinen verborgenen Mysterien teilhaben ließ,
wurde seine Mission klar.

Durch die Begegnung mit Christus wurde er zum Lehrer,
der uns in die Grundmuster einer neuen Kultur einweiht,
die wir in unserer heutigen Zeit Schritt für Schritt aufbauen dürfen.

Sein ganzes Leben lang war er seitdem auf der Suche nach neuen,
weiter reichenden Erkenntnissen. Jede Nacht stellte er
die Verbindung mit der geistigen Welt her und kämpfte
gegen Ahriman, der ihn davon abhalten wollte,
die geistige Welt zu betreten.
Doch jede Nacht empfing er dort die Erkentnisse,
die er uns in einer klaren,
verständlichen Sprache weitergeben durfte.

So entstand ein beeindruckendes geistiges Gedankengebäude,
die Grundlage einer neuen Kultur,
die er »die Weisheit des Menschen«,
»Anthroposophie«, nannte.

Ein Leben lang gab es viele Menschen um ihn herum,
doch es gab kaum jemanden, der imstande war zu spüren,
welche Opfer er brachte, um seine hohe Mission
zu erfüllen. Kaum jemand, der sah,
wie er jeden Tag inmitten so vieler Menschen die Last
einer unverstandenen Einsamkeit tragen musste.

Selten war auf der Welt jemand so einsam wie er.

Wer die Fotos sieht, die von ihm geblieben sind,
der sieht, wie die Einsamkeit sein Gesicht im Laufe
der Jahre immer stärker gezeichnet hat. Doch wer
noch weiter schaut, hinter die Dinge, der sieht auch,
wie die Kraft der Liebe immer stärker wurde,
und wie diese Liebe über seine Augen und seine Gesten
dem anderen entgegenströmte, um ihn mit dem
unzerstörbaren Gewand der Liebe zu umhüllen – seinem Geschenk.

An dieser wachsenden Liebeskraft können wir ablesen,
wie er in diesem Leben in eine höhere Liebe eingeweiht wurde,
die der Erkenntnis entspringt und von Christus selbst ausgeht.

Doch immer noch, auch in unserer heutigen Zeit,
schenkt er diese Liebe jedem,
der sich in aller Verletzlichkeit mit ihm verbindet
und sein Schüler und Mitarbeiter wird.

Lass‘ dich von seiner Liebe berühren und umhüllen.

Anmerkungen

1 Rudolf Steiner, *Das Johannes-Evangelium,* Verlag Freies Geistesleben, 2. Auflage 1976
2 Sergej O. Prokofieff, *Von der Beziehung zu Rudolf Steiner, Das Mysterium der Grundsteinlegung,* Verlag Christofoor 2008, S. 12
3 F.W. Zeylmans van Emmichoven, *Rudolf Steiner und sein Lebenswerk der Anthroposophie,* Verlag Zevenster, 3. Auflage 1983, S. 11
4 A.a.O., S. 9
5 Integrative Heilkunde ist ein neuer Ansatz für Gesundheit und Gesundheitsvorsorge, der in Nordamerika entstanden ist und sich in den letzten Jahren zu einer weltweiten Bewegung entwickelt hat. Sie ist gekennzeichnet durch ein von mehr Gleichberechtigung geprägtes Arzt-Patienten-Verhältnis und eine Kombination zwischen traditioneller Medizin und den besten Therapiekonzepten aus komplementären und alternativen Behandlungsmethoden.
6 Nach seiner Wiederauferstehung erschien der Christus seinen Jüngern vierzig Tage lang und »und redete mit ihnen vom Reich Gottes«. Siehe Apostelgeschichte 1,3. Wenn im Evangelium wichtige Ereignisse in äußerst knapper Form mit nur einer Zeile angedeutet werden, so bezieht sich dies auf große Geheimnisse, die zu jener Zeit noch nicht öffentlich ausgesprochen werden konnten. Dies ist auch bei diesem Satz der Fall.
7 Der Ätherleib wird auch ›Lebensleib‹ genannt: Er enthält die Lebenskräfte, die den physischen Körper am Leben erhalten. Wenn Sie sich eine schlafende Person ansehen, sehen Sie einen physischen Körper mit einem Ätherleib. Wenn Sie einen toten Menschen sehen, sehen Sie nur einen physischen Körper, der leblos ist, weil er vom Ätherleib verlassen wurde. Der Ätherleib erfüllt eine Brückenfunktion und verbindet den physischen Körper mit dem Astralleib, der unsere Seele enthält. Wenn Sie einen wachen Menschen sehen, dann sehen Sie einen physischen Körper, einen Ätherleib und einen Astralleib (der ja schließlich der Träger unseres Bewusstseins ist).
8 Rudolf Steiner, *Genezend opvoeden,* Verlag Christofoor 2015
9 Die Heilpädagogik wird hauptsächlich in heilpädagogischen Einrichtungen und in der Camphill-Bewegung angewandt.
10 Rudolf Steiner, *Die Philosophie der Freiheit,* Verlag Steiner-Übersetzungen, 3. Auflage 1998

11 Rudolf Steiner selbst bezeichnete Ita Wegman in seinem letzten Vortrag als »meine Ärztin und Freundin«. Siehe Rudolf Steiner, *Karmaforschung 5*, Verlag Freies Geistesleben 2000, S. 162

12 Ita Wegman, *An die Freunde, Aufsätze und Berichte aus den Jahren 1925 – 1927*, Natura Verlag Arlesheim 1968, S. 9

13 Rudolf Steiner, *Karmaforschung 5*, Verlag Freies Geistesleben 2000, S. 162

14 Froböse erzählt: »Nicht das leiseste Geräusch war zu hören; alle lauschten wie atemlos gebannt dem Flug dieser Gedanken.« Siehe Peter Selg, *Rudolf Steiner 1861 – 1925, Lebens- und Werkgeschichte*, Band 7: *Die Freie Hochschule für Geisteswissenschaft und das Lebensende*, Verlag des Ita Wegman Instituts 2012, S. 2014

15 Es geht hier um die Tatsache, dass Rudolf Steiner in seinem letzten Vortrag auf eine ganz besondere Verbindung zwischen Johannes dem Täufer und Johannes dem Evangelisten hingewiesen hat.

16 Veltman schreibt: »Bezeichnenderweise waren seine letzten Worte, die er noch an die Mitglieder der Gesellschaft richten konnte, der gleichen Figur des esoterischen Christentums gewidmet, die auch im Mittelpunkt seines ersten ›anthroposophischen‹ Buches von 1902 steht: der Figur des Lazarus-Johannes.« Siehe W.F. Veltman, *Rudolf Steiner, Eine Biographie*, Verlag Lulu.com, z.j., S. 230. Das erste ›anthroposophische‹ Buch, auf das Veltman Bezug nimmt, ist: »*Das Christentum als mystische Tatsache und die Mysterien des Altertums*«. (GA 8). Die niederländische Übersetzung dieses Buches erhielt den Titel: »*Die christliche Einweihung und die Mysterien des Altertums*«, Verlag Steinervertalingen, 9. Auflage 2000

17 Peter Selg, *Rudolf Steiner 1861 – 1925, Lebens- und Werkgeschichte*, Band 7: *Die Freie Hochschule für Geisteswissenschaft und das Lebensende*, Verlag des Ita Wegman Instituts 2012, S. 2019

18 Rudolf Steiner, *Fruchtbare Erde*, Verlag Stiftung Rudolf Steiner-Übersetzungen, 4. Auflage 2019

19 Ed Taylor, Rudolf Steiner, »*Eine illustrierte Biographie*«, Verlag Pentagon 2010, S. 196. Siehe auch Christoph Lindenberg, Rudolf Steiner, Verlag Rowohlt Taschenbuch Verlag 1988, S. 142/143. Lindenberg zitiert ein kurzes Kommuniqué von Rudolf Steiner, in dem er Folgendes schreibt: »*Es handelt sich darum, dass, während ich der eigentlichen Kurstätigkeiten durchaus gewachsen war, ich den Bogen meiner physischen Tätigkeit überspannen musste durch die übergroßen Forderungen, die neben der Kurstätigkeit aus der Mitgliedschaft kamen.*«

20 Ita Wegman, *An die Freunde, Aufsätze und Berichte aus den Jahren 1925 – 1927*, Natura Verlag Arlesheim 1968, S. 15

21 A.a.O., S. 43

22 W.F. Veltman, *Rudolf Steiner, Eine Biographie*, Verlag Lulu.com, z.j., S. 232

23 Siehe Mieke Mosmuller, *Rudolf Steiner, Eine spirituelle Biographie*, Verlag Occident 2011, S. 506

24 Rudolf Steiner, *Kerngedanken der Anthroposophie, Was Michael will*, Verlag Freies Geistesleben 1996

25 Rudolf Steiner, *Kerngedanken der Anthroposophie, Was Michael will*, Verlag Freies Geistesleben 1996

26 Ita Wegman, *An die Freunde, Aufsätze und Berichte aus den Jahren 1925 – 1927,* Natura Verlag Arlesheim 1968, S. 3

27 Friedrich Rittelmeyer war ein prominenter lutherischer Pfarrer in Berlin und gehörte später zu den Gründern der Christengemeinschaft, der Bewegung für religiöse Erneuerung. Er wurde 1922 der erste Priester und Leiter dieser Bewegung.

28 Friedrich Rittelmeyer, *Meine Lebensbegegnung mit Rudolf Steiner,* Verlag Kamerling 2002, S. 162

29 Rudolf Steiner, *Karmaforschung* 1, Hrsg. Rudolf Steiner-Übersetzungen, 2. Auflage 1995. Die Vorträge in *Karmaforschung* 1 und den folgenden vier Bänden stammen aus der letzten Lebensphase Steiners und vermitteln eine beeindruckende Erläuterung zu diesem Thema.

30 Näheres zu den Naturwesen siehe: Hans Stolp, *Naturwesen,* ABC Wegweiser 15, Verlag Nearchus 2015

31 Weil sie mich so sehr berührten, schrieb ich über diese Begegnungen mit Christus das Buch: »*Die Erscheinungen Christi in unserer Zeit*«, Verlag Ten Have 2002

32 Rudolf Steiner, *Das esoterische Christentum,* Verlag Freies Geistesleben 1999, S. 155

33 Siehe beispielsweise das Buch von Hans-Werner Schroeder, *Über die Wiederkunft Christi,* Verlag Christofoor 2000. Siehe ferner: G. Hillerdal und B. Gustafsson, »*Christuserfahrungen heute, authentische Zeugnisse von Zeitgenossen*«, Verlag Perun 2002. Siehe auch: Rudolf Steiner, »*Die Wiederkunft Christi in der feinstofflichen Welt*«, Verlag Zevenster, 2. Auflage 2000

34 Ed Taylor, *Rudolf Steiner, Eine illustrierte Biographie,* Verlag Pentagon 2010, S. 14/15. Siehe auch: Peter Selg, *Rudolf Steiner 1861 – 1925, Lebens- und Werkgeschichte,* Band 1: *Kindheit, Jugend, Wien (1861 – 1890),* Verlag des Ita Wegman Instituts 2012, 65. Laut Peter Selg sagte der Vater mit seinem österreichischen Dialekt: »*Du bist a dummer Bua.*«

35 Rudolf Steiner, *Mein Lebensgang,* Verlag Freies Geistesleben 1993, S. 294

36 L.F.C. Mees, *Kostbare Erinnerungen an Rudolf Steiner, Wie er sprach,* Verlag Zevenster 1990, S. 6

37 Dasselbe gilt für die Schriften von Nag Hammadi, wie das Thomas-Evangelium, das Philippus-Evangelium und so weiter. Sie wurden 1945 in Nag Hammadi in Ägypten gefunden und enthalten die alten spirituellen Schriften des Christentums, die über Jahrhunderte verloren schienen. Sie wurden von Jacob Slavenburg und Willem Glaudemans ins Niederländische übersetzt. Siehe: »*Die Schriften von Nag Hammadi*«, Verlag Ankh-Hermes 2002. Es war faszinierend zu entdecken, dass die verschiedensten Motive und Erkenntnisse, die wir bei Rudolf Steiner finden, auch in diesen Schriften zu finden sind. Zum Beispiel die Thematik der beiden Jesuskinder.

38 Als erste Einführung in die Traumsymbolik von C. G. Jung: Jung siehe: *Der Mensch und seine Symbole,* Verlag Lemniscaat, 9. Auflage, 1985

39 Zu den vielen Erinnerungen vieler verschiedener Menschen siehe: Erika Beltle und Kurt Vierl, »*Erinnerungen an Rudolf Steiner*«, Verlag Freies Geistesleben 2001. Siehe auch das Buch: »*Der andere Rudolf Steiner*«, herausgegeben von Wolfgang G. Vögele, Futurum Verlag 2011

40 Dr. W. F. Zeijlmans van Emmichoven, *Rudolf Steiner,* Verlag J. Philip Kruseman, z.j., S. 15
41 L.F.C. Mees, *Kostbare Erinnerungen an Rudolf Steiner, Wie er sprach,* Verlag Zevenster 1990, S. 47
42 W.F. Veltman, *Rudolf Steiner, Eine Biographie,* Verlag Lulu.com 2011, S. 13
43 Dr. W. F. Zeijlmans van Emmichoven, *Rudolf Steiner,* Verlag J. Philip Kruseman, z.j., S. 12
44 A.a.O., S. 14
45 A.a.O., S. 13
46 Siehe Ed Taylor, *Rudolf Steiner, Eine illustrierte Biographie,* Verlag Pentagon 2010, S. 44
47 Rudolf Steiner beschreibt einen Zyklus von sieben Inkarnationen dieses Planeten. Es begann mit dem Alten Saturn, dann folgte die Alte Sonne, dann wurde der Alte Mond geboren. Jetzt leben wir auf der vierten Inkarnation dieses Planeten, Mutter Erde. Nach dem Tod des heutigen Planeten werden noch drei weitere Inkarnationen folgen, die nacheinander Jupiter, Venus und Vulkan genannt werden. Näheres siehe: Rudolf Steiner, *Die Wissenschaft von den Geheimnissen der Seele*, Verlag Freies Geistesleben, 10. Auflage 1993, S. 119 ff. Siehe auch: Mario Schoenmaker, *Okkulte Weltgeschichte kurzgefasst*, Verlag Ankh-Hermes 1991, S. 11ff
48 Eine Beschreibung des Sterbeprozesses findet sich bei: Hans Stolp, *Was passiert, wenn wir sterben?,* Verlag AnkhHermes, 8. Auflage 2019
49 Willem F. Veltman, *Was ist Anthroposophie?,* Verlag Freies Geistesleben, 5. Auflage 1979, S. 19
50 1. Thessaloniker 5, 23, in der Übersetzung von Ogilvie, *Das Neue Testament,* Verlag Christofoor 1992
51 Siehe F. Rittelmeyer, *Gemeinschaft mit den Verstorbenen,* Verlag Christofoor 1978. Er zitiert auf S. 9 Nietzsche: »Leib bin ich ganz und gar, und Nichts außerdem; und: Seele ist nur ein Wort für ein Etwas am Leibe.«
52 Dr. Raymond A. Moody, *Leben nach dem Tod,* und: *Nachgedanken zum Leben nach dem Tod,* Verlag Strengholt, 5. Auflage 1987
53 Näheres zu diesem Thema siehe: Hans Stolp, *Unser persönlicher Lebensauftrag in der heutigen Zeit,* Verlag AnkhHermes 2016
54 Die Tatsache, dass die Dreigliedrigkeit des Menschen auch als Viergliedrigkeit bezeichnet wird, hängt damit zusammen, dass von der Dreigliedrigkeit Körper, Seele und Geist, das erste Glied, der Körper, in den physischen Körper und den Ätherleib unterteilt wird, der den physischen Körper lebendig macht.
55 Dr. W. F. Zeijlmans van Emmichoven, *Rudolf Steiner,* Verlag J. Philip Kruseman, S. 57
56 Rudolf Passian, *Wiedergeburt, oder die Unsterblichkeit der menschlichen Seele,* Verlag Elmar 198, S. 150
57 Rudolf Steiner erklärte auf der Grundlage seiner spirituellen Forschung, dass Johannes der Täufer als Raffael und später als Novalis zurückgekehrt sei. Siehe: *Erfahrungen des Übersinnlichen, die drei Wege der Seele zu Christus*, Rudolf Steiner Verlag 1994, S. 180.
58 W. F. Veltman, *Karma und Reinkarnation,* Verlag Freies Geistesleben, 1. Siehe 974, S. 68/69

59 W. F. Veltman, *Karma und Reinkarnation,* Verlag Freies Geistesleben, 1. Siehe 974, S. 228

60 Die Reihe mit fünf Bänden ist beim Verlag Freies Geistesleben unter dem Titel: *Karmaforschung 1, Karmaforschung 2, Karmaforschung 3, Karmaforschung 4 und Karmaforschung* 5 erschienen.

61 Doré Deverell, »*Ich habe meinem toten Sohn geholfen*«, eine Mutter begleitet ihren Sohn nach seinem Selbstmord, Verlag Freies Geistesleben 1996, S. 76

62 Matthäus 11, 14/15. Siehe auch: Hans Stolp, *Karma, Reinkarnation und christlicher Glaube,* Verlag Ten Have 1996, S. 40

63 Siehe dazu: Hans Stolp, *Was passiert, wenn wir sterben?*, Verlag AnkhHermes, 8. Auflage 2019. Und: Hans Stolp und Margarete van den Brink, *Begegnungen im Lichtreich – Umgang mit Verstorbenen,* Verlag AnkhHermes 2014

64 Hans Stolp, *Organspende – Übertragen Organe Bewusstsein?,* Verlag AnkhHermes, 3. Auflage 2018 (Dt. Ausgabe im Crotona Verlag, 2015)

65 Siehe dazu beispielsweise Rudolf Steiner, *Theosophie,* Stiftung Rudolf Steiner-Übersetzungen 1994. Auch in vielen anderen Büchern gibt Rudolf Steiner eine Erläuterung zu diesem Thema ab, oft aus überraschenden, unterschiedlichen Blickwinkeln.

66 Hans Stolp, *Die ersten drei Tage im Jenseits*, Aquamarin Verlag, Grafing 2014

67 Leider ist unser Gedächtnis Teil des Ätherleibes, der im Bett liegen bleibt. Deshalb erinnern wir uns nur wenig oder gar nicht an unsere nächtlichen Abenteuer. In Zukunft werden wir imstande sein, dieses Gedächtnis in unseren Astralleib zu kopieren, so dass wir uns dessen bewusst werden können, was wir nachts bei Astralreisen in der geistigen Welt erleben.

68 Da in dieser Situation auch sein Ätherleib (und damit seine Gedächtnisleistung) auf Astralreise gegangen ist, kann derjenige, der ein Nahtod-Erlebnis hatte, auch Erinnerungen an das, was er während dieser Reise erlebt hat, mit auf die Erde zurücknehmen.

69 Dr. F.W. Zeylmans van Emmichoven, *Rudolf Steiner und sein Lebenswerk der Anthroposophie,* Verlag Zevenster 1983, S. 71

70 A.a.O.

71 Erstes Buch Mose 3, 7

72 Siehe letztes Buch der Bibel, Die Offenbarung des Johannes 3, 21

73 Zu diesen und anderen Gegensatzpaaren siehe: Hans-W. Schroeder, *Der Mensch und das Böse,* Verlag Christofoor, 1987, S. 20. Siehe auch: Roland van Vliet, *Wer – sagen die Menschen – soll ich sein?, Christologie der Liebe,* Verlag Christofoor 2005, S. 315ff

74 Siehe mein Buch über die Einsamkeit: *Einsamkeit – niemand ist jemals allein,* Aquamarin Verlag, 2019

75 Hans Stolp, *Michael, der Erzengel des neuen Zeitalters,* Aquamarin Verlag, 2018

76 Dick Schwab, *Wir sind unser Gehirn,* Atlas Verlag Conttact 2010

77 Ausführlicheres zum Thema dieses Kapitels, siehe: Rudolf Steiner, *Das Mysterium des Bösen,* Verlag Freies Geistesleben, 2. Auflage 1999

78 NRC 28 September 2019

79 Weitere Informationen siehe bei: Judith von Halle, *Die Holzskulptur des Goetheanums, der Menschheitsrepräsentant zwischen Luzifer und Ahriman,* Verlag Cichorei 2016

80 Siehe Hans Stolp, *Esoterisches Bibellesen, Teil 1: Jesus von Nazareth*, Verlag De Heraut 2012, zu bestellen unter www.uitgeverijdeheraut.nl

81 Eines dieser Geheimnisse ist, dass es zwei Jesus-Kinder gab: das Jesus-Kind, von dem das Matthäus-Evangelium erzählt, und das Jesus-Kind, von dem das Lukas-Evangelium erzählt. Diese Tatsache löst viele Probleme, die Theologen in all den Jahrhunderten nie lösen konnten: dass es nämlich so aussieht, als ginge es in beiden Evangelien um zwei verschiedene Kinder, weil die beiden Geschichten nicht übereinstimmen und alle möglichen Widersprüche enthalten. Die beiden Jesus-Kinder vereinten ihre geistigen Kräfte, als sie zwölf Jahre alt waren. Auf diese Weise konnte ein Mann entstehen, der stark genug war, den göttlichen Geist Christi in sich aufzunehmen und zu tragen. Eine detaillierte Erklärung dieses Geheimnisses finden Sie in meinem Buch: »Das Geheimnis der beiden Jesuskinder«, Verlag Nearchus 2019

82 Das Altarbild von Grünewald mit dem leidenden Christus befindet sich im Museum in Colmar, Frankreich.

83 Siehe das Evangelium des Matthäus 4, 1-11. Ich verwende in diesem Buch nicht die beiden Begriffe Teufel und Satan, sondern die Namen »Luzifer« und »Ahriman«. Ich tue dies bewusst, denn die Begriffe Teufel und Satan rufen so viele negative Emotionen hervor, dass eine ruhige und gelassene Betrachtung darüber, wer sie wirklich sind, was sie bewegt und antreibt, kaum noch möglich ist.

84 Lukas 4, 3f

85 Matthäus 26, 39

86 Margarete van den Brink und Hans Stolp, *Begegnungen im Lichtreich – Der Umgang mit Verstorbenen,* Aquamarin Verlag, Kapitel 11. Siehe auch Margarete van den Brink, *Die Dreifaltigkeit und das Karma, Leben mit dem Christus-Licht*, Verlag Nearchus, 2014, Kapitel 9-11. Siehe auch Emil Bock, *Der Kreis der Jahresfeste*, Verlag Christofoor, 5. Auflage 2007

87 Ausführlichere Erläuterungen siehe: Hans Stolp, *Mit Engeln leben – Ein spiritueller Weg*, Aquamarin Verlag. Dort finden Sie auch ein Diagramm der sieben führenden Erzengel und der sieben Perioden, in welchen sie jeweils die Entwicklung der Menschheit lenken dürfen.

88 Siehe hierzu beispielsweise: *Rudolf Steiner, Anthroposophie und Rosenkreuzertum, Ausgewählte Texte*, Herausgegeben und kommentiert von Andreas Neider, Rudolf Steiner Verlag, 2007, S. 9 ff. Siehe auch: Rudolf Steiner, *Christian Rosenkreutz und das Geheimnis der Rosenkreuzer,* Verlag Pentagon 1992. Und: Rudolf Steiner, *Christian Rosenkreutz und die Rosenkreuzer,* Verlag Pentagon 2016

89 Rudolf Steiner, *Die Mission des Michael, Die Offenbarung des geheimen Wesens des Menschen,* Rudolf Steiner Verlag 2011

90 Rudolf Steiner, *Die Philosophie der Freiheit – Grundzüge einer modernen Weltanschauung. Seelische Beobachtungsresultate nach naturwissenschaftlicher Methode,*

91 Rudolf Steiner, *Theosophie, Einführung in übersinnliche Welterkenntnis und Menschenbestimmung,* Verlag Freies Geistesleben 1994

92 Rudolf Steiner, *Die Wissenschaft von den Geheimnissen der Seele, Herkunft und Bestimmung des Menschen*, Verlag Freies Geistesleben 1998
93 Rudolf Steiner, *Wie erlangt man Erkenntnisse der höheren Welten*, Verlag Freies Geistesleben 1991
94 Jaap van Waning in dem Artikel: *Die Bibliothek Rudolf Steiners*, in: Motief, Nr. 237, November 2019, S. 17
95 In seiner Biographie: »*Mein Lebensgang*« schreibt Rudolf Steiner: »In Kraljevec bin ich am 27. Februar 1861 geboren.« Doch es gibt eine Notiz von ihm, die lautet: »Meine Geburt fällt auf den 25. Februar 1861. Zwei Tage später wurde ich getauft«. Siehe Rudolf Steiner, »*Mein Lebensgang*«, Verlag Freies Geistesleben 1993, S. 20, sowie die Notiz auf Seite 411. Sergej Prokofieff, Judith von Halle und andere wählen den 25. Februar als Geburtstag von Rudolf Steiner. Siehe Sergej O. Prokofieff, *Von der Beziehung zu Rudolf Steiner, Das Mysterium der Grundsteinlegung*, Verlag Christofoor 2008, S. 29ff. Siehe auch Judith von Halle, *Rudolf Steiner, Meister der Weißen Loge*, Verlag Cichorei 2011, S. 163ff. Aufgrund der Daten, die sie anführt, entscheide auch ich mich für den 25. Februar als sein Geburtsdatum. Ed Taylor wählt in seiner bekannten Biographie den 27. Februar als Geburtstag: *Rudolf Steiner, Eine illustrierte Biographie*, Verlag Pentagon 2010, S. 9
96 Friedrich Hiebel schrieb: »*In großer Armut und unter äußerst bescheidenen und einfachen Umständen begann ein kommender König des Geistes seine irdische Existenz.*« Siehe: Friedrich Hiebel, *Rudolf Steiner im Geistesgang des Abendlandes*, Verlag Freies Geistesleben, 3. Auflage 1985
97 Bei der Taufe wurde Rudolf Steiner als Adolphus Laurentius Josephus Steiner eingetragen (Also: Adolphus anstelle von Rudolfus). Erst später wurde das in den korrekten Namen Rudolf Joseph Lorenz geändert. Für eine weitere Erklärung der Hintergründe dieses Falscheintrags siehe: Judith von Halle, *Rudolf Steiner, Meister der Weißen Loge*, Verlag Cichorei 2011, S. 102ff. Siehe auch: Ed Taylor, *Rudolf Steiner, Eine illustrierte Biographie*, Verlag Pentagon 2010, S. 9
98 Rudolf Steiner, *Mein Lebensgang*, Verlag Freies Geistesleben 1993, S. 20f
99 Rudolf Steiner, *Die Rechtfertigung der geistigen Wirklichkeit vor dem modernen Bewusstsein*, Beiträge zur Rudolf Steiner Gesamtausgabe, Nr. 49/50, Rudolf Steiner Nachlassverwaltung, S. 7
100 Rudolf Steiner, *Mein Lebensgang*, Verlag Freies Geistesleben 1993, S. 29
101 W.F. Veltman, *Rudolf Steiner, Eine Biographie*, Verlag Lulu.com, S. 26, 27
102 W.F. Veltman, *Rudolf Steiner, Eine Biographie*, Verlag Lulu.com, S. 30
103 Rudolf Steiner, *Mein Lebensgang*, Verlag Freies Geistesleben 1993, S. 46
104 Rudolf Steiner, *Mein Lebensgang*, Verlag Freies Geistesleben 1993, S. 57
105 Rudolf Steiner, *Mein Lebensgang*, Verlag Freies Geistesleben 1993, S. 58
106 Siehe den Vortrag vom 4. Februar 1913
107 Rudolf Steiner, *Die Wissenschaft von den Geheimnissen der Seele*, Verlag Freies Geistesleben, 10. Auflage 1993
108 Die Großherzogin Sophie von Sachsen-Weimar war nicht nur Eigentümerin von Goethes, sondern auch von Schillers Nachlass. Deshalb gründete sie 1885 das Goethe-Schiller-Archiv.

109 Rudolf Steiner, *Mein Lebensgang,* Verlag Freies Geistesleben 1993, S. 238
110 Christoph Lindenberg, *Rudolf Steiner,* Rowohlt Taschenbuch Verlag, 1992, S. 62
111 Alwin Rudolph, siehe http://www.vrijgeestesleven.be/dornach/b32berlijn.htm
112 Rudolf Steiner, *Mein Lebensgang,* Verlag Freies Geistesleben 1993, S. 300
113 W.F. Veltman, *Rudolf Steiner, Eine Biographie,* Verlag Lulu.com, S. 92
114 Rudolf Steiner, *Mein Lebensgang,* Verlag Freies Geistesleben 1993, S. 295
115 W.F. Veltman, *Rudolf Steiner, Eine Biographie,* Verlag Lulu.com, S. 107
116 Rudolf Steiner, *Mein Lebensgang,* Verlag Freies Geistesleben 1993, S. 294
117 In meiner Schrift »Golgatha« beschreibe ich ein Erlebnis, bei dem ich an Pfingsten 2006 tagelang im Geiste auf dem Hügel von Golgatha stand und gleichsam durch die Augen der Schüler sehen durfte, was dort geschah. Die Schrift wurde 2007 vom Verlag Ank-Hermes herausgegeben (Uitgeverij Ank-Hermes). Dieses Erlebnis ist übrigens nicht zu vergleichen mit dem, was Rudolf Steiner erlebte: Er war zu jener Zeit der einzige hochrangige Eingeweihte, der imstande war, in allen Einzelheiten zu sehen, was in der Akasha-Chronik über dieses heilige Ereignis geschrieben steht. Aber meine persönliche Erfahrung machte mir klar, dass Rudolf Steiner Tage damit verbracht haben muss, das Mysterium von Golgatha zu betrachten, um so Schritt für Schritt die Essenz aller Worte und Ereignisse zu ergründen und zu erspüren.
118 W.F. Veltman, *Rudolf Steiner, Eine Biographie,* Verlag Lulu.com, S. 108
119 Ed Taylor, *Rudolf Steiner, Eine illustrierte Biographie,* Verlag Pentagon 2010, S. 87
120 Ed Taylor, *Rudolf Steiner, Eine illustrierte Biographie,* Verlag Pentagon 2010, S. 87
121 Emil Unger-Winkelried in: *Der andere Rudolf Steiner, Augenzeugenberichte, Interviews, Karikaturen,* herausgegeben von Wolfgang G. Vögele, Pforte Verlag 2005, S. 100
122 Jacob Slavenburg, *Rudolf Steiner, Ein Erneuerer des alten Wissens,* Verlag Ankh-Hermes 1990, S. 14
123 Rudolf Steiner, *Die geistige Führung des Menschen und der Menschheit,* Verlag Freies Geistesleben, 10. Auflage 1987, S. 31
124 Galater 2, 20
125 Mieke Mosmuller, *Rudolf Steiner, eine spirituelle Biographie,* Verlag Occident 2011, S. 147
126 Sergej Prokofieff, *Rudolf Steiner und die Meister des esoterischen Christentums,* Verlag am Goetheanum, 2018, S. 137
127 Sergej Prokofieff, *Rudolf Steiner und die Meister des esoterischen Christentums,* Verlag am Goetheanum, 2018, S. 137f
128 Friedrich Rittelmeyer, *Meine Lebensbegegnung mit Rudolf Steiner,* Verlag Kamerling 2002, S. 104
129 Auch Ed Taylor legt das nahe, siehe sein Buch: *Rudolf Steiner, Eine illustrierte Biographie,* Verlag Pentagon 2010, S. 88
130 Rudolf Steiner, *Mein Lebensgang,* Verlag Freies Geistesleben 1993, S. 316
131 Rudolf Steiner, *Mein Lebensgang,* Verlag Freies Geistesleben 1993, S. 317
132 Rudolf Steiner, *Mein Lebensgang,* Verlag Freies Geistesleben 1993, S. 331

133 W.F. Veltman, *Rudolf Steiner, Eine Biographie,* Verlag Lulu.com, S. 114
134 W.F. Veltman, *Rudolf Steiner, Eine Biographie,* Verlag Lulu.com, S. 114
135 Der Gedanke vom Kommen eines Weltenlehrers wurde später durch Alice Bailey und noch später durch Benjamin Creme übernommen.
136 W.F. Veltman, *Rudolf Steiner, Eine Biographie,* Verlag Lulu.com, S. 120
137 Rudolf Steiner, *Mein Lebensgang,* Verlag Freies Geistesleben 1993, S. 334
138 Übrigens hat Krishnamurti selbst später, als Erwachsener, die Idee, dass er der Kanal für Christus sein solle, entschieden abgelehnt.
139 W.F. Veltman, *Rudolf Steiner, Eine Biographie,* Verlag Lulu.com, S. 122
140 Ein französischer Autor. Sein bekanntestes Buch heißt: »*Die großen Eingeweihten*« und ist noch immer im Aquamarin Verlag erhältlich.
141 Rudolf Steiner, *Die Theosophie der Rosenkreuzer,* Verlag Christosfoor 2007
142 Im Jahr 1910 wurde im Schauspielhaus in München unter Ausschluss der Öffentlichkeit das erste Mysteriendrama aufgeführt. Im Jahr 1911 wurde im Gärtnerplatz-Theater *Die Prüfung der Seele* aufgeführt. 1912 dann im selben Theater *Der Hüter der Schwelle.* Im Jahr 1913 wurde im Volkstheater *Der Seelen Erwachen* inszeniert.
143 Michael Birnthaler (Hg), *Rudolf Steiner, Dokumentarische Erzählung, Band I: Das Goetheanum,* Verlag Edition EOS 2018, S. 21
144 W.F. Veltman, *Rudolf Steiner, Eine Biographie,* Verlag Lulu.com, S. 167
145 Michael Birnthaler (Hg), *Rudolf Steiner, Dokumentarische Erzählung, Band I: Das Goetheanum,* Verlag Edition EOS 2018, S. 22
146 W.F. Veltman, *Rudolf Steiner, Eine Biographie,* Verlag Lulu.com, S. 170
147 Ed Taylor, *Rudolf Steiner, Eine illustrierte Biographie,* Verlag Pentagon 2010, S. 179
148 Siehe W.F. Veltman, *Rudolf Steiner, Eine Biographie,* Verlag Lulu.com, S. 210
149 Ed Taylor, *Rudolf Steiner, Eine illustrierte Biographie,* Verlag Pentagon 2010, S. 180
150 W.F. Veltman, *Rudolf Steiner, Eine Biographie,* Verlag Lulu.com, S. 212
151 Sergej O. Prokofieff spricht in seinem Buch: *Die Anthroposophische Gesellschaft und das Wesen Anthroposophia,* Verlag Perun Bücher 2000, S. 11, über: »Die Seelenhülle für das Wesen Anthroposophia«.
152 Rudolf Steiner, *Die Weihnachtstagung zur Begründung der Allgemeinen Anthroposophischen Gesellschaft 1923/1924,* Verlag Rudolf Steiner Nachlassverwaltung 1994, S. 249
153 Weitere Informationen finden sich auch bei: Sergej O. Prokofieff, *Von der Beziehung zu Rudolf Steiner, Das Mysterium der Grundsteinlegung,* Verlag Christofoor 2008. Siehe auch: Sergej O. Prokofieff, *Die Grundsteinmeditation – ein Schlüssel zu den neuen christlichen Mysterien,* Verlag Perun Bücher 2008
154 Siehe www. https://www.antroposofischevereniging.nl/vereniging/
155 Michael Birnthaler (Hg), *Rudolf Steiner, Dokumentarische Erzählung, Band I: Das Goetheanum,* Verlag Edition EOS 2018, S. 28
156 Friedrich Rittelmeyer, *Meine Lebensbegegnung mit Rudolf Steiner,* Verlag Kamerling 2002, S. 100
157 Friedrich Rittelmeyer, *Meine Lebensbegegnung mit Rudolf Steiner,* Verlag Kamerling 2002, S. 106

158 Peter Selg, *Ich bleibe bei Ihnen, Rudolf Steiner und Ita Wegman,* Verlag Freies Geistesleben 2007, S. 46
159 Matthäus 18, 20
160 J.E. Zeylmans van Emmichoven, *Wer war Ita Wegman?,* Band 1, Natura Verlag, S. 232
161 Der Brief ist in dem Buch von J.E. Zeylmans van Emmichoven, *Wer war Ita Wegman?, Band 1, Natura Verlag, S. 383* zu finden. Das entsprechende Zitat lautet auf Deutsch: *»Dass ich an Dir einen ersten, unerschütterlichen Freund finden muss.«*
162 Ed Taylor, *Rudolf Steiner, Eine illustrierte Biographie,* Verlag Pentagon 2010, S. 200
163 Rudolf Steiner, *Kerngedanken der Anthroposophie, Was Michael will,* Verlag Freies Geistesleben 1996
164 Ita Wegman, *An die Freunde,* Natura-Verlag, 1960, S. 9
165 Ita Wegman, *An die Freunde,* Natura-Verlag, 1960, S. 10
166 Dag Hammarskjöld, *Zeichen am Weg,* Verlag Gottmer, 7. Auflage 1983, S. 148